小学校 国語科教育法

編著 阿部藤子・益地憲一

相原貴史・成田信子・宗我部義則
芥川元喜・植西浩一・佐渡島紗織
萩中奈穂美・足立幸子・中村和弘
清水文博・細川太輔・森　顕子　共著

建帛社
KENPAKUSHA

はしがき

教育界では、団塊世代の教員の大量退職の時代が続いている。どの地域でも学校の教員が若返り、二十歳代の教員の割合が高くなっている。教職に就いてわずかな年数でも、学年主任や研究主任を務めなければならない教師が増えている。日々の膨大な仕事をこなしながら、じっくり授業に向き合い考える時間の余裕がないというのが実態かも知れない。そのような厳しい状況の中でも、教室では子どもたちが教師を待っている。

そして、我々、教職課程のある大学の教員は、学生たちが、様々な考え方・ものの見方や必要な知識や技能を身につけ、子どもたちの前に立つまでに少しでも力をつけてほしいと願っている。彼らが、拙いながらも国語科の授業ができるようになること、子どもたちの言葉の成長に寄与するようになることが、大きな願いである。そのためにどのような学修が必要かを考え本書を編集した。

本書は前著『小学校 国語科の指導』を改め、学習指導要領の改訂に対応した内容として編み直したものである。前著以降、教育界では「アクティブラーニング」が叫ばれ、学習者主体の能動的な深い学びを実現することが大きな課題として示された。国語科教育においても様々な言説が展開されている。しかし、それ以前から、国語科の学習指導において、学習者の主体性や実の場となる学習設定に配慮しつつ、確実に子どもたちの言葉の力をつけるための実践が積み重ねられてきた。特別に新しいことに取り組む必要が生じたわけではない。子どもたちが我がこととして言葉の学習に取り組み、正しく美しい日本語の使い手を育てる、さらには十全な人間形成を目指すことは、今も昔も大切にされてきた国語科教育の使命である。そのねらいをしっかりと受け止めた国語科教育の指導者を育てたいと切に願っている。

本書は、国語科教育に関する基本的な内容を学びつつ、各自の関心に応じて学び深められるよう、文献や資料の充実に努めた。教職を目指す学生はもちろんのこと、大学院生や教職に就いている現職教員にも実践や研究の端緒や助けとなって活用できるような内容になっている。各章やコラムは、現在、それぞれの分野、領域、実践の場で実績を積み活躍している研究者、現場教員が分担執筆した。それぞれの研究、関心、立場、信念を反映した内容、書きぶりになっており、統一感よりも個性的で深い味わいを感じられるのではないかと考えている。読者各位がその関心、立場から内容を吸収し、自らの研究や実践に役立ててほしいと願っている。

なお、本書では、国語科教育や教育工学をはじめ、関連する領域、分野の先行研究や実践を参考に執筆・編集させていただいた。その引用や紹介にあたり敬称を省略させていただいている。失礼の儀、ご容赦いただきたくここに御礼を申し述べる。また、いくつかの箇所には、文献の一部の転載や教科書教材の引用もさせていただいた。著者および出版社に厚く感謝の意を表したい。

本書の刊行にあたっては、執筆者各位と建帛社編集部の方々に並々ならぬご尽力をいただいた。ここに御礼を申し上げる。

二〇一八年三月

編著者

目　次

第一章　国語科教育の意義と目指すもの

一　言葉を学ぶ

（一）言葉の獲得

人が生活の中で言葉を自在に駆使できることが、他の生物と最も大きく異なることであることは周知のことであろう。その言葉の学習は、生まれる以前の母親の胎内に命を宿した後、外の音を聴覚で捉え、母親の声を心地よいものとして聴いているときからすでに始まっているといわれている。(注1) そして、大人にあやされたり話しかけられたりする人間的な絆が結ばれる中で言葉を獲得していく。その後、近しい家族を中心として、隣近所や地域の人々、幼稚園、保育所などの集団生活の場での遊びや人々との交わりの場で、言葉が広がりをもっていくのである。その意味では、この世に生を受けたときから言葉の獲得や国語の学習が始まっているといえる。そして、様々な学習の機会を得るうちに、より広く、かつ複雑に言葉を駆使できるようになっていく。

（二）国語教育と国語科教育

（一）で述べたように、国語学習は、ごく幼少の頃から生活全体の中で行われており、教育としての国語教育も折にふれ生活の中で行われている。一方、学校教育の中で教科の教育として指導される国語の教育は「国語科教育」という。学校教育の中で、意図的、計画的、かつ学校段階を追って継続的に指導が行われる国語教育が「国語科教育」である。国語科教育を単に国語教育と言い換える場合も多いが、厳密には区別すべきである。「国語科教育」は、国語科という教科の学習指導を通して行う国語教育であり、学校教育全体における国語教育の中核であり、基盤である。そのように考えると、「国語科教育」が負うべき責務の重さが自ずと理解できよう。

なお、「国語科教育」は言葉による認識やものの見方、表現など、他教科の教育とも密接な関連があるので、積極的に他教科での言語の指導との関連を考えておくことも必要である。

「国語科教育」は、「話す」・「聞く」・「書く」・「読む」という四種類の言語活動を対象として行われる。「話す」と「聞く」は「音声言語」を、「書く」と「読む」は「文字言語」を媒体として行われる。そして言語機能の面から捉えれば、「話す」と「書く」は「表現」、「聞く」と「読む」は「理解」と位置づけられる。言葉とその機能を十分に理解し、「話す」・「聞く」・「書く」・「読む」のそれぞれの言語活動の特性を生かしバランスのよい、かつ充実した国語科の授業を求め続けていきたいものである。

「国語科教育」の根幹にある最も重要なねらいは、言語による人間形成である。これは、国語科だけではないすべての教科で目指され、国語科もその一翼を担っている。単に理解や表現のための手段、道具としての言葉を身につければよいのではない。言葉を通じて人とかかわりつつ、その人を尊重し自分をも高めようとする人間の形成である。そして、「言語の教育」として、言葉を適切に使い言語で考える力を育て、さらに国語を尊重する態度と言葉への愛情を育て、主体的な言語生活者として育てていくべきである。

二　国語学力

「学力」とは、学校教育において、意図的・計画的な教育課程に基づき、子どもが学習することによって獲得する能力である。個々の子どもが生得的にもっている能力や素質もあり、さらには学校での学習によらなくても実生活で獲得する能力もある。しかし、学力という場合はそれらとは区別して捉えられることが一般的である。このような狭義の学力という捉え方をすれば、国語学力は国語科教育によって育成される、あるいは形成された能力といえよう。

一般的な国語学力観の基盤となっているのは、一九五一（昭和二六）年改訂版の学習指導要領国語科編（試案）に示された「国語能力表」である（本書で「学習指導要領」と示すものは「小学校学習指導要領」をさす）。国語の様々な能力を児童の発達段階に照らし、学年別に組織的に配列したものである。「一　聞くことの能力」「二　話すことの能力」「三　読むことの能力」「四　書くことの能力」「五　書くことの能力（書き方）」に分類されている。それぞれの学年の最低水準・基準を示したものとされ、具体的な活動項目が示された。（注2）

国語科教育が目指すべき国語学力については、これまでに様々な研究者が言説を展開している。次に代表的ないくつかの例を示す。

飛田多喜雄は、国語学力の構成要素としての内実を類別している。（注3）言語知識にかかわる「知的能力」と表現・理解の技能にかかわる「技能能力」と「態度能力」である。さらに、これらに「思考力」を加える考え方と、内容的価値の獲得にかかわる素地能力の働きや認識力を国語学力とする考え方を示した。

輿水実は、次の十の能力を挙げている。(注4)読解力、聴取力、文章力、談話力、文字理解、文字使用、語彙理解、語彙使用、文法力、文学鑑賞であり、これらについて、児童の発達段階ごとに目指されるべき具体的な能力目標を示した。

野地潤家は、国語教育の基本目標は、「思慮深い言語主体の育成」にあるとし、そこには、言語能力と思考力が一如のものとして捉えられるという。(注5)そして、A言語体系（記号体系）の習得にかかわる能力と、B各言語活動領域行為における主要能力を一八項目に示した。

A〈言語体系（記号体系）の習得にかかわる能力〉：語彙力、文法力、発音力、文字力、表記力

B〈聞くこと・話すことの言語活動領域〉：対話力（問答力）、会話力、発音力、文字力、独話力（討論力）

〈書くことの言語活動領域〉：取材力、構想力、記述力、推考力、評価力

〈読むことの言語活動領域〉：要約力、検証力、洞察力、分析力、選択力

田近洵一は、国語学力の全体構造を知識、技能、態度に分け、次のように捉え示した。(注6)

知識　A言語要素に関する知識　B言語活動・言語文化に関する知識

技能　C事象認識に関する能力　D関係認識に関する能力　E思想構成に関する能力

F思想表現に関する能力　G評価に関する能力　H一般化に関する能力

態度　I情意的態度（受容・感動）　J認識的態度（問題意識）　K社会的態度（人間関係意識）

これらを理解と表現とに分類して具体的な能力を明記した。

益地憲一は、国語学力は、簡潔にいえば、知的能力と技能能力、態度能力だとし、意思や感情といった情意能

力の重要性を強調した。さらに論理的思考力と感性的思考力が、相補的に思考力として機能することを論じた。(注7)

これらを見渡してわかるように、国語学力を、単に言葉についての知識をもち駆使できる技術能力と捉えるのではなく、態度を基盤にした国語学力と考えられている。さらに、言語と思考が不可分の関係にあり、人間が言語を通して思考し、思考が言語によって定位され、かつ広がり深まることに鑑み、内的、精神的思考力も国語学力の内実と捉える考え方がなされていることがわかるであろう。国語を正確に理解し表現する能力を養うという仕事は、単に国語を教えるだけでなく、知識を身につけ、思考力を養い、心情を豊かにし、社会生活を営む能力を育てるものであり、あらゆる学力の基礎を形成するものなのである。

国語学力としての思考力については、言語としての能力のみではなく様々な分類がなされている。近年では、「PISA型読解力」のような新たな能力の捉え方が広がりを見せている。言語の教育としての国語学力と他教科他領域との関連も視野に入れた広く柔軟な学力観が求められている。それらを踏まえ、学習指導要領の国語科の目標、内容もその基本的な考え方が引き継がれているのである。

三　小学校国語科の目標・内容

(一)　小学校学習指導要領の変遷

「国語科」が教科として成立をみたのは、一九〇〇(明治三三)年の「小學校令改正」においてである。それまで一八七一(明治四)年の学制発布以降、「読方」「作文」「習字」などとして別々の科目として学習指導が行われていたが、「國語」の名称が用いられたのがこの「小學校令改正」であり、同年の「小學校令施行規則」において国語科の目標が示され、国語は、讀ミ方、書キ方、綴リ方、話シ方を指導するよう示された。

戦後、一九四七（昭和二二）年の学校教育法施行規則が公布され教科名は「国語」となり、学習指導要領国語科編（試案）で、指導の範囲を「話すこと（聞くことをふくむ）・つづること（作文）・読むこと（文学をふくむ）・書くこと（習字をふくむ）・文法」とした。一九五八（昭和三三）年版学習指導要領以後、国としての法的拘束力をもつ学習指導要領が告示という形で出され、「国語科」としての独立性が確立され今日に至っている。昭和三三年版学習指導要領では、それ以前の経験主義的なカリキュラム編成に批判が高まり、系統主義的な編成に大転換がなされた。国語科においては、「聞くこと」「話すこと」「読むこと」「書くこと」のすべてに発達段階に応じた指導の充実強化を図り、発展的・系統的な指導についての研究が要請され、授業時間数も増加したのである。

国語科の目指す目標や内容は学習指導要領に示されてきた。どの時期にどのような目標・内容が示されたかは、ここですべてを詳細に示す紙幅がないが、言葉そのものや言葉を介した内容を理解し、適切に表現する能力を培うということが一貫して掲げられている。その時代の社会の要請、子どもたちの実態、来たるべき将来に向けて子どもたちが備えるべき資質・能力を勘案しておよそ十年に一度のサイクルで改訂されてきている。例えば領域についていえば、昭和二二年版の学習指導要領を除いては、「聞くこと」「話すこと」「読むこと」「書くこと」といった言語活動ごとに組み立てられた。言語経験、日常での言語生活を基底に考えるという立場での言語の教育に重点が置かれたからである。しかし、一九七七（昭和五二）年版学習指導要領では、国語による表現能力と理解能力を養うための領域構成として、「表現」と「理解」の二領域と「言語事項」の一事項という構成に改変された。一九九八（平成一〇）年版学習指導要領においては、再び「話すこと・聞くこと」「読むこと」「書くこと」の領域構成で示され、二〇〇八（平成二〇）年版学習指導要領まで受け継がれた。

育成の重点として、平成一〇年版以降は、「伝え合う力」の育成の重視が叫ばれ、学校現場ではコミュニケーション能力を高めるべく「話す」「聞く」ことの領域の学習指導の実践の蓄積がなされてきている。

(二)　平成二九年版小学校学習指導要領

前述のように、人は、言葉を通じて新たな情報を得たり、思考・判断したり、他の人とかかわる力を獲得したりする。そして言葉の力は学校における学習活動を支える重要な役割を果たし、全教科の資質・能力の育成や学習の基盤になる。それゆえに、言語能力の育成は、最も重視されるべき課題といえる。このことが二〇一七（平成二九）年版学習指導要領でも強調されたのである。

変化の激しいこれからの社会で生き抜く子どもたちを育成することが大きな課題となった今日、新しい教育課程では、すべての教科において、育む資質・能力を「知識及び技能」「思考力・判断力・表現力等」「学びに向かう力・人間性等」の三つの柱に沿って整理された。

国語科では、その内容を次のように示している。

「知識及び技能」については、その内容を以下の各項で示している。

○言葉の特徴や使い方に関する事項　○話や文章に含まれている情報の扱い方に関する事項　○我が国の言語文化に関する事項

「思考力・判断力・表現力等」については、「創造的・論理的思考」「感性・情緒」「他者とのコミュニケーション」の三つの側面から言語能力を構成する資質・能力として捉えている。「創造的・論理的思考」は、物事や課題について論理的に考えを進めていく能力や、考えを練り他者と磨き合う中で新しい見方や考えを生み出す思考力である。「感性・情緒」は、物事について価値判断する際、それまでの学習や経験の上に感性的に正誤や適否、美醜について見抜く力であり、情意的な側面が欠かせないことを意味している。「他者とのコミュニケーション」は、自分の感じたことや考えたことを表現してこそ、磨き合い高め合えることから、重要な能力として位置づけられている。

「学びに向かう力・人間性等」については、情意や態度に関する内容を有しており、例えば、「言葉を通して社会や文化を創造しようとする態度」や「考えを伝え合うことで、集団としての考えを発展・深化させようとする態度」などが示された。

平成二九年版学習指導要領に掲げられた国語科の目標は次のとおりである。

> 言葉による見方・考え方を働かせ、言語活動を通して、国語で正確に理解し適切に表現する資質・能力を次のとおり育成することを目指す。
>
> (1)　日常生活に必要な国語について、その特質を理解し適切に使うことができるようにする。
>
> (2)　日常生活における人との関わりの中で伝え合う力を高め、思考力や想像力を養う。
>
> (3)　言葉がもつよさを認識するとともに、言語感覚を養い、国語の大切さを自覚し、国語を尊重してその能力の向上を図る態度を養う。

冒頭に教科としての目標が示され、続く(1)・(2)・(3)で具体化された目標を示し、それぞれが前述の育むべき資質・能力の「知識及び技能」「思考力・判断力・表現力等」「学びに向かう力・人間性等」に対応している。また、平成二九年版学習指導要領では、すべての教科で育成すべき「ものの見方・考え方」を明らかにし、思考力育成への指針とした。各教科ならではの視点や思考の枠組みである。国語科の「言葉による見方・考え方」とはどのようなものであろうか。

「言葉による見方・考え方」とは、自分の思いや考えを深めるため、対象と言葉、言葉と言葉の関係を言葉の意味、働き、使い方等に着目して捉え、その関係性を問い直して意味づけることである。例えば、話し合いの学習の中で、話題に沿って筋道立てて発言し合っているか、自分の思いを適切に表す言葉や表現になっているか等の観点から話し合いを振り返ってその後の話し合いや学習に生かす。あるいは、文学的な文章を読んで、文章が自分の生き方にどのように影響するのか、それはどのような構成や表現の効果によるものなのか等について考察する。意見を書く学習において、必要な情報が書かれているか、根拠や事例、論理の展開は適切か、自分の意図や主張が明確に表現されているか、読み手が納得するように表現や展開になっているか等の観点から確認したり、推敲したりする学習が考えられる。これらは、国語科としての「言葉による見方・考え方」であると同時に、「深い学び」を支える概念でもあるといえる。

その上で、各学年の目標及び内容が示されている。〔第1学年及び第2学年〕〔第3学年及び第4学年〕〔第5学年及び第6学年〕と二学年ごとに示され、二学年をとおして目標とする言葉の力をつけていくことを目指しているのである。内容は、「知識及び技能」と「思考力、判断力、表現力等」で示され、後者は、「A　話すこと・聞くこと」「B　書くこと」「C　読むこと」で配列されている。

戦後の学習指導要領に込められた国語科で育てたい児童像は、その構成や文言に変遷はあるものの一貫して通底しているのは、主体的な言語生活者の育成であることに変わりはない。国語を愛し、言葉を磨きつつ人間形成を図る。そして正確で的確かつ美しい国語の使い手となりそれを継承していくことである。そのために、教師は、子どもの言語実態を的確に捉え、さらなる言葉の力の伸長のために授業を実践していく責務がある。指導すべき内容や知識、技術として昔も今も変わらぬ大切なものと、その時代によって求められる新たな内容が出てくることもある。近年では、ＩＣＴ教育、英語教育との関連など、かつては小学校であるいは国語科で扱う範疇のものではなかったことも国語科の守備範囲になっている。教師自身も国語の使い手として言語使用とその熟達に、また他の領域の教育の動向にも関心を寄せることを心していきたいものである。

注1　正高信男『子どもはことばをからだで覚える』中央公論新社、二〇〇一

注2　一例を挙げれば、「聞くこと」の能力表の一年では、一　仲間にはいって、聞くことができる、二　いたずらをしたり姿勢をくずしたりしないで聞くことができる、三　相手の顔をみながら、静かに聞くことができる（四以下略）のように具体的に十の能力が示され、「継続学年一～三」としてその学年で取り上げられた能力であっても、ほかの学年でも継続することを示した。

注3　飛田多喜雄「国語学力」国語教育研究所編『国語教育研究大辞典』明治図書出版、三〇四～三〇六頁、一九八八

注4　輿水実『国語科教育体系6』明治図書出版、一九七五

注5　野地潤家『国語教育原論』共文社、一九七三

注6　田近洵一『国語科教育研究Ⅰ　国語学力論と実践の課題』明治図書出版、一九八三

注7　益地憲一『国語科指導と評価の探究』溪水社、二〇〇二

第二章　授業と教師

一　授業とは

これまで学校で学習者として経験してきた授業で、印象に残る授業とはどのようなものだろうか。友達と話し合って課題が解決できていく授業、難しい問題を解けた授業、自分の考えていたことがうまく言えて聞いてもらえて安心した授業等、肯定的な印象の授業経験があっただろうか。一方で、一時間の大半を教師の話を聞き続けるような一方通行の授業、教師の解釈を聞くだけの押しつけられる授業、授業内容が理解できずに困った授業等、否定的な思い出もあるかもしれない。これらは、およそ、いい授業、優れた授業とはどのような授業かを示唆しているといえるだろう。学習者がわかった、できたと思える授業、自分の思いや考えを表現する欲求を満たしたた授業、仲間と課題を共有して取り組み、達成感を味わえる授業などが、子どもが満足感を得て、かつ学力をつけうる授業であるといえるだろう。そのような授業を実現するために考えるべきことを挙げていこう。

授業には、学ぶ側の「学習者」、指導する側の「教師」、そして学ぶべき媒材や内容としての「教材」がある。この、学習者、教師、教材が授業を構成する三要素といわれている。この三者の相互作用によって、授業はダイナミックに展開していく。同じ教材で同様の目標のもとに指導するとしても、教師が違えば、その個性や指導観、力量によって授業は異なる展開になろう。また、同じ教師が同じ教材で同じ学年で授業をしても、今年の学級の子どもたちと以前受け持った子どもたちとでは、実態が異なれば指導方法や支援の仕方も当然異なってくる。授業が一期一会といわれるのは、このように、学習者や教師がそれぞれに個性や状態、相互の関係が異なり、授業で起こる事象もまた異なるからである。授業は生きものであり、予測不可能事象としての要素をもつ。

二　優れた授業

以上のような授業の要素や性質を踏まえ、優れた授業の要件を考えていこう。

(一)　学習者主体・子どもが活躍する授業

授業を構成するのが右記の三者であるとはいえ、授業の主役は、学習者であるべきである。主役というと、学習者が中心になって進める授業ということが考えられる。低学年のうちから鍛え少しずつ経験を積ませることで、学習者が司会進行をする授業も可能である。しかし、形の上で学習者が前面に出るだけが学習者主体ではない。学習者が、課題を我がこととして捉え真剣に考え、他の学習者と考えを深め合う授業、学習者が考えをもちそれを出力しながら学習が動く、そのような授業こそが学習者主体の授業といえるのである。そのためには、学習者が本気で取り組める課題設定と十分に考える時間の保障、そして教師の適切な支援がポイントになるであろう。

（二）目標の明確化

目標が明確である授業は、学習者が、何のためにその学習をするのか目的をもつことができる。また、ここまでできるようになろう、明らかにさせようという期待をもって学習に臨むことができる。その結果、前述の主体的な学びにつながるのである。教師は、学習者が達成すべき目標を明確にもって授業をデザインし、学習者自身も目標を自覚できるようにすることが大切である。さらに、学習者に示す目標や課題は具体的なものにしたい。例えば、「友達のスピーチをよく聞きましょう」という学習で、これを目標として学習者に示すよりも、「質問することを見つけるつもりで聞きましょう」「話す人がいちばん言いたいことを見つけられるように聞いてみましょう」のように、よく聞くとはどのようなことか学習者が具体的に思い描けるような目標が望ましい。

（三）変化と節目のある授業

四五分間の授業が、終始同じペースで展開する、あるいは、昨日の授業と今日の授業がいつもノルマをこなすようなメリハリのない授業になると、学習者にとっては緊張感や魅力のない授業になってしまうことが多い。

しかし、そうした危険はあるにしても、授業ルーチンを確立することは大切ではある。ルーチンは、教師と学習者の間で了解され定式化された約束事であり、授業がもつ認知的複雑さを軽減できる。例えば、先生が板書を始めたら学習者がそれをノートに書く、指名されたら返事をして立って発言をするなど、毎度言われなくてもそのように取り組むことを当たり前としておく学習に関する学級のルールである。ただ、例えば、読みの学習で、毎時間、本文を音読する→めあての確認→自分で読み取ったことをワークシートに書く→ワークシートに書いたことを発表する→学習のまとめを書くという固定化された授業展開で授業を進めたとすると、学習者に作業の円滑な遂行を可能にし、教師にも心理的な余裕をもたらすというメリットはあるが、そのためにマンネリ化するという弊害ももたらされる。

話題や題材、方法の工夫によって授業に変化をもたせることも必要である。また、一時間一単元の中で、ここは肝心という局面があるとその時点で学習者の集中や興味・関心が高まる。授業展開に山場をもたせるようにしたい。

（四）　柔軟な対応

授業は想定外のことが起こる予測不可能事象であると述べた。学習者が成長過程にある生身の子どもであり、彼らの相互作用によってダイナミックに学習の様相が変化するからである。どの授業でも、教師が予想していなかった反応が学習者から返ってくるということは誰もが経験し、しかもそれがそう少ないことではないことも知っているであろう。そのため、授業中に起こる想定外の学習者の発言や、想定していたよりも学習が進まないこと、理解が深まらないことなど、教師がずれを認知した場合、予定していた授業展開を修正しながら進めざるを得ない。経験の浅い教師であれば、計画通りに授業を進めようという意識が強く働くため思い切って設計変更することに抵抗を感じることもあるだろう。しかし、授業の目標を達成するため、学習者の学びを充実させるためにどうすることが最適かを考え、思い切った変更や前の学習に立ち戻って行う勇気も時には必要である。

（五）　実の場・学習者の必要感

学習者にとって、その授業内容や課題が、必要感のある本物の学びになるかどうかを教師はデザインの段階から考える必要がある。教科書にあるからその学習をする、教師に言われるからそれに取り組む、ということになっていないだろうか。例えば観察記録文を書く学習をするとき、誰のため、何のために記録文を書くのか。学校で育てている野菜や植物の観察記録であれば、花が咲き実が実った喜びを家族に知らせたいという目的意識、そのために細かい部分まで記述することで伝わるように書こうとする必要感が学習者に生まれる。書いた記録文を実際に家族に届け、読んでもらった感想として返事をもらうという設定にすることで、達成感も味わうことができる。そのような必要感、目的意識があってこそ、学習者が本気で取り組み、力をつけることができるのである。

（六）子どもを待つ

教師がデザインした通りに授業を進めようとすると、どうしても教師のペースで授業が進行する。教師に余裕がなくなる。そのため、学習者に考える時間、文章の優れているところや他者の発言の良さを感じ味わう時間を十分に保障できないということにつながりやすい。初任教師と熟達教師では、発問の後に次の教師の発話までの時間、つまりどれだけ待っていられるかの時間に有意に差がある、という研究成果がある。(注1) 熟達教師は経験的に、ほんの何秒かというわずかな時間を学習者に提供し、考える、感じることを保障しているのである。

三　授業をする教師

授業改善の枠組みに、ＰＤＣＡサイクルの考え方がある。設計（Plan）・実施（Do）・評価（Check）・改善

(Action) という四つのサイクルである。教師は、一回の授業ごとの事前・事中・事後についてそれらの役割を果たすわけだが、一時間の授業中(事中)にも設計・実施・評価・改善という営みが繰り返される。

(一) 設計(注2)(教材研究と授業設計)

教師は、授業前の入念な準備と、授業中においても、学習者の反応を見取りながら最善の意思決定をし展開をしていく必要がある。

吉崎静夫は、教師が授業を行うために必要な知識として、「教材内容についての知識」、「教授方法についての知識」、「生徒(学習者・筆者注、以下同様)についての知識」の三つをあげている。(注3) 指導する教材についてその価値や内容、目標となるところ等様々な知識が必要とされる。例えば、説明的文章を読む学習を行う場合、その教材に書かれている内容についての知識や発展的な情報を教師がもっていること、教材の言語表現の特徴や論の展開の仕方、さらにその教材で学習者にどのような学力をつけられるのかということ等を教師自身が了解していることが求められる。

次に、その内容をどのように学習者が学ぶのか、適切な指導方法のレパートリーをもつことが求められる。これが教授方法に関する知識である。前述の読む学習に即していえば、文章の内容を理解するために、書いてあることを図に表すという方法をとるのか、表に整理しながら読んでいくのか、学習者の生活経験を想起させてそれと文章を関連づけて理解するようにするのかなど、指導方法に関する知識である。さらに学習者に関する知識は、学習者がすでに身についている能力、もっている知識、学習経験がどのくらいあるのか、学級の人間関係やその日の状態まで、授業の時点での学習者の実態を把握していることを指す。

図2-1のAは、教材内容と教授方法についての知識で、ある教材で指導するときに教師が用いるモデルや例、概念の示し方などについての知識である。例えば意見文の構成について学ぶときに、頭括型と尾括型を理解させる際、構成の違いを図示するとともに、同じ内容を両方の述べ方で記述した意見文を読み比べると違いが理解できるというように、その教材内容を指導する方法とつなげた知識である。

Bは、教材内容と学習者についての知識である。例えば、「ありの行列」という説明文の学習を行うときに、学習者が、ありについて見たことはあるが、詳しい生態については知らない者が多い、したがって説明文を読むと興味をもつだろう、またもっと知りたいと思うのではないかと予想されるという具合である。

Cは、教授方法と学習者についての知識である。右の例でいえば、ありの詳しい生態を知る学習者が少ないならば、情報を補って読むことや学習者に調べさせて情報を得るようにすることなどを考えることである。

Dは、教材内容、教授方法と学習者についての知識である。例えば、ありの行列の読み取りで重要なポイントとなる部分を押さえた（教材内容についての知識）上で、しかもその部分が学習者の読み誤りや具体的にイメージしにくい部分だと考え（学習者についての知識）、「ありがちりぢりになる」という箇所を絵に描き表すことで理解をさせる（教授方法についての知識）というように、つまずきを未然に防止したりスムーズな理解を促進するための教授方法をとることがあげられる。

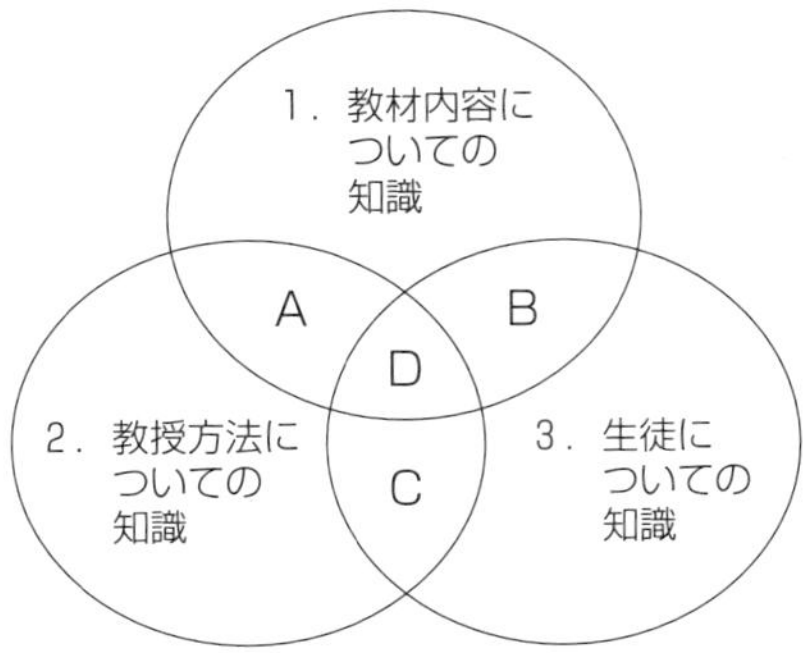

図2-1　授業についての教師の知識領域（吉崎，1987）

(二) 実　施

① 学習者を見取る

斎藤喜博は、「教育や授業においては『見える』ということはある意味で『すべてだ』といってもいいくらいだ」と言っている。(注4)「見える」は、学習者の状況を把握することである。例えば、学習者が話を聞いて理解できているかその表情から読み取る、あるいは、ノートに自分の考えを書いているところに机間指導をし、誰がどのような考えをもっているかを把握する、これが子どもを見ることである。

もう一つの「見える」は子どもの思考や動き、授業の進行を先読みすることであると吉崎は述べている。(注5)今進行している授業で、この先学習者がどう理解していくか、深まるか、つまずきそうか、などを読むことであり、その先読みが、指導方法を決定していく根拠になっていく。

② 授業中の即時的な対応

吉崎は、授業実施における教師の意思決定についての思考をモデルに示した。(注5)それによれば、教師は、学習者の状態、授業の状況をキャッチする→自分が考える許容範囲であると判断すれば現在の教授行動を継続し、そうでなければ、どう展開するか、レパートリーの中から選択肢を考える→意思決定して対応する（代替案で進めるか否か）→その対応の是非を判断しつつ先の展開を考える、という意思決定を絶えず行いながら授業を展開していくという。授業においては、選択のための時間が十分にはなく、瞬時にこの判断を下し授業を進行させなければならないため、このことはとりわけ難しい。しかも、このような状況は、一時間の授業の中で、何度も起こるのである。その時間の目標、学習者の状態、残された時間、授業形態、教師のもつレパートリー、教師の心理的状態などいくつもの要素が関連し合い、検討、意思決定がなされる、非常に複雑な営みなのである。

(三) 評価

右記の通り教師は、授業中に学習者の状態について、絶えず形成的な評価をしながら授業を進めていく。授業後は、授業の記録となる板書、学習者のノートや作品、研究授業などの場合に行われるビデオ記録などをもとに授業の振り返りを行う。まず大切なのは、学習者がどこまでねらいを達成できたのか、不十分な点があれば次の授業でどう補っていくかを検討しなければならない。授業中の見取りは授業の進行とともに行われるため、すべての学習者にまで目が行き渡りにくいことも現実としてある。それを補う意味でも事後の見取りと振り返りは必須である。授業中の学習者の発言や表情なども見取りのデータになろう。特に学習者にノートやワークシートに自分の考えや気づきを書き記すようにさせることで、それが有力な手がかりとなる。

(四) 改善

(三)の評価をもとに、授業を省察し、省察によって得られた授業の方策や学習者への洞察、教材理解を、次の時間の授業や別の単元の授業に生かしていく。

四　国語科教師

(一) 言葉を育てる教師

小学校では、学級担任が全教科の学習指導を行うのが一般的であるので、学級担任である教師は同時に国語科教師でもある。国語の使い手として手本となる指導や言動が求められる。話す声、言葉遣い、黒板や子どものノートに記す文字や文章、学習者の話を聞く聞き方や応じ方など、言語環境としての教師の役割は重大である。学習者の置かれている言語環境は、その言葉の育ちに大きく影響する。板書の文字一つにしても、正しい書き順で正確に書くべきであり、それを学習者が目にする以上、誤りを示すわけにはいかない。その意味で教師は、常に自分の使う言葉に細心の注意を払い、正確で適切、かつ美しい言葉を使うことに努めなければならない。

(二)　何でも言える学級風土づくり

学習者が言葉を学ぶのが国語科の授業であるから、授業が、学習者が思ったこと考えたことを萎縮することなく自由に表現できる場であることが必要である。表現することに抵抗を感じるのは、経験の少ない学習者や日頃から物事に緊張感の強い学習者によく見られることである。間違いを指摘されるのが怖くて言えない、先生や周りの子がじっくり聞いてくれない、だから言いたくないという思いをもつ学習者がいないようにしたい。どの学習者も自信と安心感をもって表現できるよう、日頃から教師がじっくりと聞く耳をもつこと、うまく表現できないときの助けとなり支え合う姿勢を教師もどの学習者ももつように指導するなど、学級文化として受容的な人間関係を築くことに教師は心を砕くべきである。

(三)　学び続ける教師

今日の授業を振り返り、次の明日の授業を考える。子どもたちが下校した後の教室で教師たちが毎日行っている営みである。学習者のノートを見返して学び具合を確認したり、やり取りを思い出してどのように言葉がけをするのが望ましかったかを考えたり、教科書の本文を読み返したりと、尽きない作業である。このような日々の授業を大切にし、時間の許す限り授業を振り返ってそのときの気づきや学びを次の授業に生かすようにする、その積み重ねが授業の力量を高めるのである。完璧な授業などなく、常に理想の授業に向かって、自分自身の課題意識をもって授業改善に取り組むことがプロフェッショナルとしての教師に求められる姿勢である。地道な取り組みを教師に可能にさせるのは、子どもたちが自分の指導に応え成長していく姿に立ち会える喜びがあるからではないだろうか。変化の激しい時代にあって、教師に求められる資質・能力が多様化、高度化している。旧態依然とした変化のない授業をしていては子どもたちの心が離れていきかねない。社会や世界の状況に関心をもち、常に実践研究の新たな知見にアンテナを張り、新しい指導方法や指導技術の向上、教材開発など様々な角度から情報収集と研鑽に心がける教師でありたいものである。

注1　浅田匡「教授学習過程における『時間』の意味を考える」野嶋栄一郎編『教育実践を記述する』金子書房、二〇〇二

注2　「授業設計」と「授業デザイン」については第六章参照。ＰＤＣＡでは「授業設計」と呼ぶことが一般的であるため「デザイン」ではなく「設計」を用いた。

注3　吉崎静夫「授業研究と教師教育（1）―教師の知識研究を媒介として―」『教育方法学研究』第一三巻、一一～一七頁、一九八七

注4　斎藤喜博『教育学のすすめ』筑摩書房、一九六九

注5　吉崎静夫『デザイナーとしての教師　アクターとしての教師』金子書房、一九九七

第三章　授業づくりの要件

一　国語科の授業とは

（一）　授業の役目

授業が、単に「学問・技芸などを教え授けること」と受け取られているのではないかと危惧している。小学校教員を目指して大学で勉強しようとしている、あるいは学び始めて間もない学生諸君の中に、「小学校レベルの内容であれば、子どもたちに教えることができるだろう」と考えている者を少なからず見かける。それは、授業を「教えるべき内容を伝授する」こととして捉えているからではないかと考えられるのである。

授業とは、教えるべき内容を知識として記憶させたり、問題解決の方法を技能として身につけさせることを主として行うのではないことは、自明の理である。飛田多喜雄は、授業について「学習者がその目的を達成できるようにするため、指導者が直接的、間接的に適切有効な案内的助言をする活動」と記している。（注1）ここで注目すべきなのは「案内的助言する活動」という文言である。知識は問題解決の過程において引き出し積み重ねていくものである。技能は問題解決を繰り返す中で修練され磨かれていくものである。そこで、問題解決においてどのような知識が必要か、どのような技能を用いることによってよりスムーズな解決に近づくことができるのか、について適切な案内・助言をすることを、授業における教師の大切な役目として捉える必要性を述べているのである。

（二）　国語科で求められる授業

国語科の授業では、どのようなことが求められているのだろうか。平成二九年版学習指導要領では、国語科の内容として「知識及び技能」と「思考力、判断力、表現力等」という項目が立てられた。「知識及び技能」は、「言葉の特徴や使い方」「話や文章に含まれている情報の扱い方」「我が国の言語文化」の三つで構成されている。日常生活を支える言葉について、その特徴を理解して用いることができるようにすること。言葉によって伝えられたり伝えたりする日常の情報の捉え方や発信の仕方の留意点を理解して用いることができるようにすること。先人によりどのようなことがどのような言葉の用い方で表されてきたかを踏まえて日常の言葉をさらに豊かに用いることができるようにすること。これらが、その三つの構成の主なねらいと捉えられる。つまり、「知識及び技能」という項目が立てられたことは、「知識及び技能」の伝授を目指すことではないということである。

言葉を用いて日常生活を円滑にするとともに、情報を的確に用いて暮らし、さらに豊かな文化を築いていくことができるように子どもたちを導いていくことを大事に考え、国語科の授業を行うことが求められているのである。子どもの日常生活を言葉の面から支えることが大切なのである。

（三）　国語科の授業の本意

蘆田恵之助は「まことの世界に安んじさせることが教育の真意義」であると、授業で大切にすべきことを記している。(注2) 言葉によって表された「まことの世界」を見いださせることの大切さを示したといえる。言葉によって表された真の情景や思いといえるものに触れることは、それを受け止める者にとって、新たな価値に出会うことと同様となる。その出会いに導くことが、国語科の授業の一つの意義とみるのである。

さらに、O・F・ボルノーは「言語の習得は、ただ、一つの表現手段、また了解手段の習得にすぎぬのではなくて、言語による人間自身の形成なのである」と述べている。(注3) そして、その二つ、言語が人間に「世界の開示」（言葉を通した新たな知との出会い）を与えることと、「自己展開」（言葉の本質に迫ることによる感情や理性の獲得）を起こさせることは、交互に作用し合っていると述べ、その上で、「第二の側面は、さもないと気づかれぬままになりやすい」と、「人間自身の形成」に迫る言葉の教育の意義を再認識する必要性を述べている。

また、ボルノーは「人間は自己の展開の制約として、他者との対話を必要とする」と対話の必要性も示し、「くつろぎ」のある対話こそが「人間がそのなかで自己の思想を打ち明け、せめたてる課題の抑圧から解放されて、もっとも純粋に自己自身のなかに安ろう状況」を生み、「自由な自己展開の媒体」となると述べている。

これらのことから、国語科の授業に求められるものを三つ見いだすことができる。

① 子どもが言葉の学びを通して、言葉に込められている本質的な意味や意図を見いだせるようにすること。
② 言葉の理解を通して、子どもが自らの感情や理性などの「内的世界」に気づけるようにすること。
③ 子どもが自己の思想を打ち明けることができるような「対話」の場を日常に生み出せるようにすること。

国語科の授業は、子どもに、単に表現の手段・理解の手段としての言葉の表す内容を、知識として獲得させ綺麗に格好良く使えるように導くことを第一義とするものではない。まずは、言葉がそれを用いた人のどのような経験に基づきどのような意図でどのような意味を込めて用いられたかに、少しでも近づいて理解しようとする態度を育む。その上でその理解に近づくために、子どもがもつ経験と可能な限り結びつけて捉えようとするように導く。そして、自分の内面が心安く表現できるように設定した場の中での「対話」を通して、自分の言葉の捉え方を再構成できるようにする。さらにその過程を自分で振り返ることを通して、自分の内面世界の変容に気づけるように導き、自己形成を実感できるようにすることが国語科の授業に求められるのである。

国語科の授業は、人間としての成長、自己形成につながるものであることをしっかりと認識した上で、構築していかなければならないのである。

二　国語科の授業づくり

(一)「国語教室」づくり

「国語教室」で展開される授業は「指導者と学習者の導きと学びの複雑な緊張関係を調整し統一する両者の深い信頼感と、価値ある話題・題材を契機とする学習指導の生きた循環の中で、確かなことば学びが為されているという指導現実が基本条件」だと飛田多喜雄は記している。(注4) このことを、授業の基本的な成立条件である、「教師」「学習者」「教材」の三つの観点のかかわりから考え、どのように「国語教室」づくりを行うことが望ましいかについて考えてみる。

「教師」と「学習者」が学習を進めていく上で「深い信頼感」で結ばれていなければならないと記されている。このことは、ボルノーが述べていた「くつろぎ」のある対話の基盤として大切にしなければならないことである。「学習者」にとって自分が伝えたいことに「教師」が耳を傾け、理解しようとしてくれることは、教室にいる上での安心感につながる。さらに、その安心感に支えられて表現したことの意味や意義を「教師」の言葉によって教室の仲間に伝えてもらえることとなれば、「学習者」は教室の中での存在価値を得た思いとなるとともに、その教室での活動に意欲的になると考えられる。これが「深い信頼感」で結ばれた関係を生むのである。

「教師」と「学習者」がこの関係に至ったとき、「教材」は両者でともに関心をもって取り組む対象となる。これは、言葉の獲得期に乳幼児と愛着対象との間で見られる「共同注意」が行われるからだと考えられる。乳幼児期の子どもは、養育者と愛着で結ばれると養育者を真似たり見るものを一緒に見ようとしたりする。例えば、両者で楽しく花を見て帰り、そのとき聞いた「ハナ」を家で真似て発声したら養育者が花を見たときと同様に喜んだとする。すると、そのかかわりの喜びが子どものなかで花と「ハナ」を結びつけ、「言葉の獲得」という一大成長にまで結びつくのである。この「共同注意」の生まれる「養育者」「子ども」「対象物」の関係を「三項関係」という。児童であっても、教室で「教師」と愛着に似た「深い信頼感」で結ばれ、「教師」「学習者」「教材」の間に「三項関係」が生まれた場合、「教師」と「学習者」でともに「教材」を元にした学習に取り組もうとする「共同注意」の機運が生まれ、学びのある「国語教室」が生まれると考えられるのである。

また、このような「国語教室」では、「くつろぎ」のある対話が生まれ、それをもとに言葉を通した子どもの深い学びや自己形成が実現すると考えられる。平成二九年版学習指導要領で求められている「児童の主体的・対話的で深い学び」を実現するためにも、このような「国語教室」づくりが不可欠なのである。

(二)　国語科の授業での配慮

(1)　子どもの思考を考慮した「教材」の研究（文章表象生成過程の考慮）

「教師」と「学習者」のかかわりを整え「共同注意」が生まれたとしても、「教師」はその対象となる「教材」が「学習者」にとってどのような意味や働きをもつのかを把握するため、「教材」のもつ機能を明確にしておかなければならない。

国語科で多く用いられる文章教材について考えてみる。文章を読んだとき、「読者の頭のなかにできあがる文章の『写し』を、心理学では文章表象」（西垣順子）と呼ぶ。(注5) 文章表象は読者によって差が生じる。それは文章表象を生成する過程において、単語や文の捉え方が読者の経験によって異なるからである。西垣は、その過程を図3-1のように示した。「教材」の「学習者」への影響を見いだすためには、この過程の省察が必要である。

文章表象の生成の第一歩は単語の理解である。まず第一の過程は、文字の集まりを言葉として認識することである。これは小学校低学年の子どもにとっては難関である。表音記号としての文字を組み合わせて言葉としてのまとまりを認識し、その上で言葉としての意味を経験と結びつけて理解することが求められるからである。それを助けるために低学年の教科書は分かち書きになっているが、それでもこの難関を乗り越えるには多くのエネルギーを必要とする。第二の過程は、理解した単語を文法等に従って主述などに整理し、「何がどうした」と書かれているのかを捉える過程である。その上で第三の過程として、

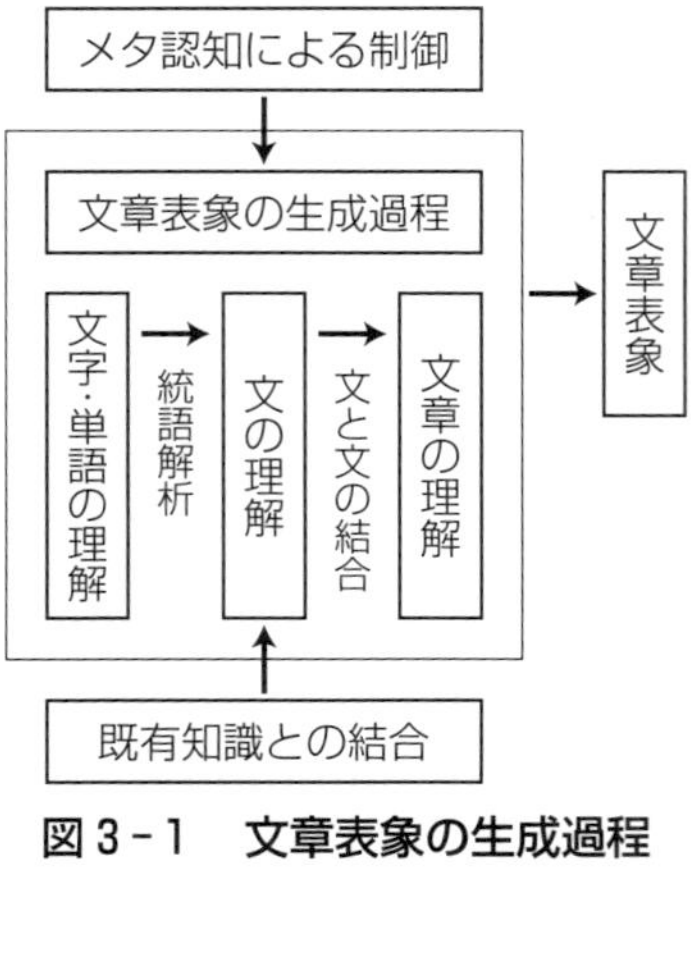

図3－1　文章表象の生成過程

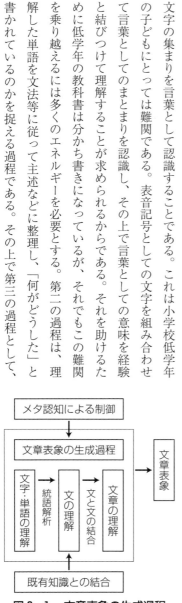

文と文がどのようなかかわりで結びついて何を表そうとしているのかを捉えるという過程がある。

子どもの文章表象の生成の過程にはこのような難関があることから、「教師」は授業の準備を行うにあたって、「教材」を「学習者」とのかかわりの面から精密に研究し、単語を理解させるための具体の準備、一文一文の内容を確認させる準備、文の関係に気づかせるキーセンテンスの準備などの「教材」の研究が必要なのである。

(2) 子どもの実態を考慮した授業の構成

「学習者」にとって望ましい授業を構成するためには、授業過程、授業形態、授業技術の三つの面から検討を加える必要がある。

① 授業過程

授業過程は、目標を達成するための授業の展開の筋道、時間的順序である。ここで重要なのは、指導目標・学習目標・学習課題をどのように準備するかである。その際第一に考慮しなければならないものは、子どもの能力・意欲・関心・態度である。国語科で身につけたい能力と照らし合わせ、眼前の子どもたちにどのような知識や技能を身につけていくのかを明らかにし、この授業ではどのような能力の伸展を願って指導目標を設定することが望ましいのかを見いだす。その上で、子どもの意欲・関心に応じた学習目標をどのようにもたせていくことが適当かを考える。さらに子どもの授業に向かう態度なども考慮して、授業の展開を構成する。これが子どもの実態に応じて授業過程を考えるということである。

読みの授業の場合、その「教材」の価値を見いだすことを目標とすることは大切ではあるが、教師が読んで生成した文章表象を子どもに伝達するような授業を行うことは望ましくない。子どもの実態に応じた指導目標・学習目標に迫って行く筋道を見いだすのである。まず、子どもの文章表象の生成の過程から推察し、どの文またはどの文と文のかかわりに着目させていくことが望ましいのか、その文の理解を深めさせるにはどの言葉に着目させることが望ましいのかを見いだす。そして、子どもがその着目点への示唆による文章表象の生成によって課題解決に至ったり深い読みに到達したりしたという喜びが味わえる筋道を考えるのである。イメージするのが難しい表現、読み落としそうな表現などへの疑問を柱にして文章表象の生成を展開したり、子どもが一番感動した（関心をもった）表現の文章表象を再生成したりなどすることを通して、一歩でも課題解決の高みに近づく文章表象が生成できるように導くのである。そのことは、平成二九年版学習指導要領で求められている「児童の主体的・対話的で深い学び」の実現につながるのである。

②　授業形態

授業形態は、一斉指導形態、グループ学習形態・個別学習形態や、話し合い形態、討議形態などの、授業の構成や展開の様式である。授業形態を考えるにあたっては、子どもたちが課題解決に向けて活動を進める中で有効だと実感できるようにする配慮が必要である。ここでは、一斉指導形態、グループ学習形態を取り上げて記す。

一斉指導形態では、概ね一人の教師が学級全体に対し独話形態（講義法や説明法等）もしくは対話形態（問答法）で授業が行われる。独話形態は、学習活動の説明や初めて出会ったものの解説などに用いられることが多い。しかし、文章表象の生成の際に言葉の中に込められている意味や意図を考えるような場合は、この方法は子どもの考える芽を摘み取ってしまう可能性があるので、使い方に注意しなければならない。この場合、子どもたちの既有経験に差があるので、まずはそれぞれの子どもたちがもっている言葉のイメージを出し合い、それをすり合わせるような「対話」を行う中で言葉の理解を深め高めていくようにしなければならない。そこで、教師は問答法を用い「対話」をコントロールし、子どもたちの発言の意義を位置づけ、言葉の理解の深まりや高まりの喜びを共有できるようにする配慮が求められるのである。

グループ指導形態は、学習者が共通の目標に向かって、お互いに高め合いながら取り組む学習形態である。子ども同士で交流することから、一斉学習に比べ子どもたちの活動意欲が高まる形態と考えられている。アクティブラーニングという言葉が取りざたされ、子どもたちの学習に能動的な活動を取り入れるという意味で、よく「グループでの話し合い」が行われている。しかし、ここで気をつけなければならないのは、子どもにはっきりとした学習目標と学習課題の認識並びに個々の意見の準備がないと、グループ学習は成立しないということである。文章表象の生成にグループ学習を用いた場合、どの言葉・表現の表すイメージを捉えるのか、それを考えるためにどの言葉・表現を根拠として着目するのかを明らかにし、それをもとに各自の考えをもつところまでは準備されている必要がある。その上でイメージを出し合い紡ぎ合わせグループとしての考えをまとめさせるようにしないと、その成果は期待できない。また、いくつものグループが同時に話し合うため、子ども一人ひとりの学習成果を認めることが難しくなる。そのため、事前に一人ひとりが活躍できるように周到に準備したり、グループ学習の力を段階的に高める経験を積ませたりするなど、見通しをもった配慮と準備に基づいた指導が教師に求められるのである。

③　授業技術

授業技術とは、発問・板書・ノート指導・机間指導など、指導目標を達成するために教師が学習者に対して意図的に働きかけるための手段のことである。ここでは発問と板書を取り上げて記す。

発問は、子どものより深い思考を促し、自分なりの考えを生み出すことができるようにするための教師の意図的な問いかけである。この発問は、子どもの実態の理解と十分な教材研究によって生み出される。特に注意して準備しなければならないのは、授業の始まりの第一声である。「今日も○○の勉強をしましょう」などと安易に発声したら、子どもたちに「またか」という思いを起こさせかねない。「今日は○○の解決に挑戦しよう」という発声とは意欲の違いが生じるであろう。学習課題や活動をはっきりと意識させ、意欲・関心を抱かせるにはどのように発問したらいいか台詞として準備するくらいでありたい。さらに、一単位時間の授業過程に組み込まれる活動は三〜四つであるので、それぞれの始めに行う発問についても第一声と同様に熟考して準備したい。学習活動を理解させるために手順を明確にするのか、イメージを広げさせるために経験を想起させるようにするのか、思考を深めさせるために考える視点を絞らせるようにするのか等、目的に応じた表現の工夫が求められる。

板書は、授業のプロセスに沿って課題は何か、それについての考え方にはどのようなものがあるか、留意点は何か、今日の学習成果は何かなどを記すことで、子どもの学びを促進させるとともに、ノート指導と連動して子どもに学習内容を振り返らせるためのものである。一単位時間の授業過程を考えるのと並行して板書計画を立てたい。学習目標、学習課題を示した後、子どもの考えをどのように整理して記すのか。今日の学習の中でポイントとなることはどのように記すのか。今日の学習の成果が明らかになるようにするにはどのように記すのか。これらを工夫して記すことにより、この一単位時間の学習に子どもたちが成就感をもてるようにする配慮が求められる。この板書を土台にして、ノートにどのように記すと学習成果を表せるかを、発達段階に応じて指導すると効果的である。

授業は机上の空論をいくら重ねても意味はない。模擬授業などを積極的に行い、その振り返りを元に、子どもにとってどのように働きかけることが望ましいのかについて、実感を伴った検討と配慮を行った上で授業を構築してほしい。

注1　飛田多喜雄「授業研究の真意義と課題」『国語科教育方法論大系9』明治図書出版、一九八四
注2　蘆田恵之助「国語教育易行道」『近代国語教育論大系14』光村図書、一九七五
注3　O・F・ボルノー（森田孝訳）『言語と教育』川島書店、一九六九
注4　飛田多喜雄『続・国語教育方法論史』明治図書出版、一九八八
注5　西垣順子「読解力の発達と教育」藤田哲也編『教育心理学』ミネルヴァ書房、二〇〇七

《参考文献》

・野地潤家『国語科授業論』共文社、一九七六
・斎藤喜博『授業』国土社、一九六三
・林竹二『授業の成立』一葉書房、一九七七
・岡本夏木『幼児期』岩波書店、二〇〇五
・内田伸子『幼児心理学への招待』サイエンス社、一九八九
・生田孝至編『子どもに向き合う授業づくり』図書文化、二〇〇六
・新村出編『広辞苑　第七版』岩波書店、二〇一八

コラム　指導記録が次の授業への一手

けんかやもめごとが起きる。両者を呼んで双方の話を聞く。双方の言い分をよく聞いた上で、お互い様のところもあるのではと仲直りをさせる。学校では日常である。

ところが、子どもによって、同じように話をしても、受け止め方が違う。子どもによっては、教師がかけた言葉で落ち込んでしまうこともある。こうした失敗の連続である。子ども一人ひとりをしっかり捉えられず、子どもの背景を把握していないからだ。

子どもたちが他者を信頼し、安心して学べる学級の中でこそ授業は成り立つ。そのためには、まず、子どもの姿を記録し、児童理解に努めることが大切だ。とはいえ、慌ただしく過ぎていく学校生活の中で、全員の記録を毎日とることは、なかなか難しい。そこで、座席表にメモ欄をつけたものを作り、そこに特筆すべきことをその場でメモをとっている。指名した子どもに印をつけることだけでも、「せっかく手を挙げたのに、今日は一度も指されなかった…」ということも解消される。また、けんかの内容、どう解決したかのメモをとることで、子どものいつもとは違う様子に気づき、もめごとの本当のわけを聞き出せることもある。また、いつも自分の持ち物の整頓ができず注意ばかりされている男児が、黙って、集めたノートを配っていたり、給食のストローをみんなの机に置いていたりする。記録を残していくと、毎日何かしら黙ってみんなのための仕事をしている。あるとき、そのことをみんなの前でほめると、ますます進んでみんなのための仕事をするようになり、さらには、授業中もにこにこ楽しそうに学習を進めるようになった。

こうした記録は、教師間で共有していくと、それぞれの子どもを見る目も広がり、次なる指導にも役に立つ。

授業の記録は、ＩＣレコーダーで録音、板書を記録、学習問題や発問を記録、ＶＴＲに録画、座席表に書く、子どものノートのコピーをするなどいろいろ方法があるが、必要に応じて選んでいる。

日々の国語の授業では、子どものノートのコピーをしておくことが多い。授業の流れの記録になるのと同時に、子どもの考えがどう変わっているか（変わっていないのか）の記録にもなるからだ。また、次の授業をどうするか、どのような発問にすればよいかの資料にもなる。

子どもとともに授業をつくるためには、子ども一人ひとりの感じ方や考え方、その背景などを理解することが必要である。子どもの実態を把握した上で、それに応じた学習内容や方法を考える。

子どもを理解するためには、自分なりの記録の仕方を見つけ、教師自身の理解の力を高めていけるとよい。教師間の情報交換も必ず行いたい。

第四章　発達の段階に応じた指導

一　児童期の発達と国語科学習指導

（一）　生涯発達における「今」という見方

教育の営みを考えていくときに、発達 development は中心に来るべき概念である。授業や学習活動は学習者の感覚や認識、思考を起点として展開され、感覚の発達、認識の発達、思考の発達などが考慮されて教授の在り方が方向づけられる。今日の双方向的、相互作用的な授業づくりに照らして考えれば、教育実践者である教師は、自分の学級の学習者から多くを学んでいる。教師は自らの働きかけが目の前の児童の発達に適切に合ったものであったかを、即時的にあるいは事後的に受け取り、次の学習指導に反映させようとしているのである。

かつて発達は、乳児から成年になるまでを中心に考えられていた。今日の学問的な進展によって、対象となる範囲は広がっている。生涯発達という言葉が示すように、人間は生涯発達し続けると考えられるようになった。このような見方に立てば小学校の時期は、「児童期」としてその特徴を押さえながらも生涯学び続ける長い見通しの中で捉えることも大事だろう。児童期は一般的に抽象的な思考が可能になり、集団的行動をとるようになるといわれる。こうした特徴を伸ばす支援・指導を心がけ、さらに学ぶ姿勢を意識化できるような働きかけをしていきたい。学習指導要領改訂（平成二九年三月公示）によって、資質・能力の三要素の一つに「学びに向かう態度」があげられたこともうなずけるところである。

今日、実践研究においては特に、個に注目した見方が重視されるようになった。一般的な乳児期、幼児期、児童期、青年期の特徴に合わせて対応や指導を考えるという側面ももちろん大事だが、教室では、一人ひとりに何がどこまで発現され、さらに何を積み重ねていけばよいのかと考えていくことが重要である。

（二）言語発達と小学校国語科指導

小学校入学は子どもにも親にも大きな節目である。六歳の子どもたちは、「小学校にはいったら勉強するんだ」と期待に胸を膨らませている。期待の反対側には不安もあろうが、入学を階段の一段を上ると捉えていることはまちがいない。子どもなりに遊び中心から学習中心への変化をイメージしているからだろう。就学前教育から学校教育への変化は、発達の段階に照らして考えても根拠がある。心理学者岡本夏木は幼児期の言葉を一次的言葉、児童期の言葉を二次的言葉と名付けて、小学校における学び方を考察している。(注1)岡本によれば、一次的言葉とは一対一で状況依存の文脈で発せられる言葉のことである。子どもたちは母親などの養育者や家族、保育者等、身近な大人に向けて一対一で話しかけ、応答によって物事を理解する。これに対して二次的言葉は、一対多で状況を共有しない他者に発せられる。時間や空間を共有しない不特定多数の大勢に向かう言葉である。一次的言葉が話すことや聞くことが中心になるのに対して、二次的言葉は読むことや書くことが大きな位置を占める。例えば入学したての児童がこぞって教師に話しかけようとしたり、教師がクラス全員に向かって話しかけても何人かの児童は反応しなかったりすることがある。これらは幼児期の一次的言葉の習慣が残っているからである。小学校教育にとって文字言語の教育の導入は大きなことである。岡本の指摘は学校教育を言語発達の面から照らし出すものであり、言葉の習得を支える国語科の指導者が心得ておくべきものである。

小学校での六年間は他の校園種と比べて長く、心身共に成長著しい時期である。小学校国語科においては、読み書きに必要なひらがな学習に始まり、文字に対応した発音・発声、語句・文・文章といった意味の単位を学び、話すこと・聞くことに関する学習、書くことに関する学習、読むことに関する学習をスパイラルに積み重ねていく。「カリキュラム」を語の原義にさかのぼって、学習者が歩んだ足跡を含めて考えるとすれば、国語科学習指導は一人ひとりの言語発達の様相に合わせて柔軟に組み立てられるべきものだろう。小学校国語科は一つの教科として単独に言葉や国語の学びを担うというより、生活、学習全般にかかわりながらすべての教科の基盤になっているといえるだろう。

二　保幼小接続の観点からみた入門期の学習指導

（一）小一プロブレムを超えて

子どもたちの発達は連続的である。小学校入学は子ども自身にとっても連続の中にある一つの大きな節目である。一九九〇年代の終わりごろから小学校入学後学校生活に馴染めない児童が出てきて「小一プロブレム」と名付けられ（注2）社会問題化した。子どもたちが小学校入学後落ち着いて座っていられない、学習に集中して取り組めない、人の話を聞けないなど、今までにない姿を見せるようになったのである。原因は、少子化等の社会の構造の変化、家庭教育の変化、幼児教育の在り方等にわたって様々に論じられたが、議論が幼稚園や保育所等での保育と小学校の教育の形態の違いを指摘し、両者が自らのやり方に固執するような方向だと解決には向かわない。筆者は小一プロブレムの問題に幼児期と児童期の発達による学び方の違いを見ている。幼稚園や保育所等では子どもたちの自然発生的な気づきや発見を大事にする。遊びや製作が毎日連続して行われ、自分たちで問題解決的に考えたり活動したりすることも多い。これに対して小学校では、系統的な学習が行われ、時間割で区切られる授業が中心である。国語科なら国語科のねらいや内容に沿った学習が行われる。このような違いへのとまどいが子どもたちの行動に結びついていると考えられる。ではどのように解決したらよいのだろうか。

現在では大きく二つの考え方がとられている。一つは異校種間の無理のない連携、一つは適度な段差という考え方である。まずは無理のない連携という考え方のもとに、幼児と小学生が交流する形がよくとられる。いっしょに給食を食べる、小学生がやり方を教えていっしょに遊ぶなどである。幼児は入学を楽しみにしながら小学校の様子を知ったり、小学生と触れ合ったりすることができる。言葉の面でも学びは大きい。例えば小学生は必要なことの伝え方を、幼児はわからないことの聞き方を考えることになる。

国が施策として無理のない連携を求めたものがスタートカリキュラムである。(注3)幼児期の「学びの芽生え」と児童期の「自覚的な学び」をつなぐカリキュラムとされ、入学後児童が安心して人間関係を築くことをねらいとした活動、合科的関連的な生活科を中心にした学習、教科等を中心にした学習が組み合わせて例示され、四月、五月から夏休み前までを想定している。このような考え方は各地の学校で先行して実践されており、成果を挙げている。(注4)

一方、適度な段差を大事にする考え方は、それぞれの校種の特徴を生かす実践として表れている。例えばひらがな学習を例にとって考えてみよう。幼稚園や保育所等での遊びの中で幼児がひらがなを書きたい気持ちになることはよく見られる。ごっこ遊びで、看板やメニューが必要になると、保育者にどう書くのかと尋ねる。しかしこれらはあくまで偶発的無意図的で、保育者はひらがなの書き方は示しても全員に習得を求めたりはしない。五十音を計画的に習得させようとする小学校とはちがうアプローチである。行動や思考の発達に合ったそれぞれのアプローチは適度な段差を含むといえるだろう。

幼稚園教育要領改訂（平成二九年三月公示）によって「幼児期の終わりまでに育ってほしい姿」が十項目にわたって提示された。「健康な心と体」「自立心」「協同性」「道徳性・規範意識の芽生え」「社会生活との関わり」「思考力の芽生え」「自然との関わり・生命尊重」「数量や図形、標識や文字などへの関心・感覚」「言葉による伝え合い」「豊かな感性と表現」である。幼児教育の特徴を示しながら、小学校の各教科・領域等の基盤として働くと捉えてよいだろう。

（二）入門期の国語科学習指導

無理のない連携と適度な段差を考えたときに、入門期の学習指導はきわめて大事である。

小学校入学から児童が学校生活のリズムに慣れるまでを入門期と呼ぶ。各論者によって入門期の時期的な捉え方は様々あるが、ここでは入学後から夏休み前までの一番長い時期をとっておく。前項から触れているように、小学校教育の特徴を読み書きの文脈に入るとみた場合に、計画的にひらがな五十音の学習指導が終わるころまでが入門期の最長期間と捉えてよいだろう。

入学して一週間は、学校の学習や生活に慣れるような活動が中心である。座席やロッカーの場所、学習用具のしまい方、学校の一日の過ごし方など覚えることは多い。学級におけるルールを意識して過ごせるよう指導することが大事である。言葉に関する事柄としては、机やロッカーに貼られた名前や番号のカードを確認したり、名前を呼ばれたら返事をしたり、先生に注目して話を聞いたりすることから始める。

入門期の国語科学習指導は、児童が小学校の学習や生活を作り出していくために核になるものである。入門期の終わりまでに、みんなの前でわかるように話すこと、必要なことを落とさずに聞くこと、必要なことを文の形で書けるようにすることなどを学ぶ。現在一年生の国語の第一単元はどの教科書も絵を見て話すことである。先生に向かってだけではなく、学級のみんなに向かって話す意識、一対多の意識をもてるようにすることである。正しい発音・発声も意識させたい。

文字や文を書けるようになるためにひらがなの習得は欠かせない。母音「あ」「い」「う」「え」「お」は口形の基本となり、また日本語の音の規則性の基本でもあるので、確実に習得させたい。かなの提示の順は、画数が少なく「おれ」「まがり」などが複雑でないものから始め、この期の児童の空間認識能力にあまり一度に負荷がかからないようにする。教科書では明治期以来、身近な事物の名称に含まれるかなが提示された。一音一字として機械的に覚えるのではなく、例えば「つくえ」の「つ」のように覚えたほうが関心がわき、定着もするだろう。身の回りの事物で、画数が少なく、清音のものを教材研究として集めておくとよいだろう。幼児期に親しんできたしりとりなどの言葉遊びの要素も入れるとよい。「くつ」→「つくえ」→「えんぴつ」などと児童と共に考えながら言葉を書く学習は楽しい。文字指導は、児童の利き手が左右どちらでも対応できるようにし、教師が鏡のようになって空中に書けるようにしておきたい。

三　学年の発達に応じた国語科学習指導

（一）　低学年の発達と学習指導

小学校一年生、二年生を低学年と呼ぶ。入門期を経て小学校の学びに慣れてきたころから二年生の終わりまでは、多くの児童が知的好奇心に満ち、学習への意欲も高い。この時期の語彙の量と質の違いが学力差に大きく影響しているとの指摘もあり、(注5) 言葉が教室にあふれるような学習指導を心がけることが大切である。

入門期に一対多の文脈で話したり、聞いたりすることに慣れてきた児童に、教師と児童の間だけでなく、児童同士が対話をしながら学ぶことを促したい。集団の中の自分という位置づけは理解できるようになっているが、まだ他から見て自分がどのように見えるかという自意識はそれほど確立していない。よい意味で自己中心的なので、自分を表現することに抵抗が少ない場合が多い。学びに意欲的なこの時期にこそまちがえても自分の考えを表現することの大切さ、児童同士で表現し合うことのよさを体感させることが大事である。

表現しながら学ぶことを好むこの時期は、体や声をいっぱいに使って表現する活動を取り入れる好機である。「読むこと」では音読や動作化、劇化がよくなされる。物語文では登場人物に同化して会話文を読むことや動作をつけて話すことが取り上げられる。説明文でも擬人化の手法で書かれたものはこうした学習の対象になるだろう。「書くこと」については、主語と述語の整った短文を書くことができるようにしたい。生活文はかつてよく取り上げられたが、経験を文章で表現することは認識を深め、書く能力を耕すために今日でも有効な方法であろう。低学年の間に、文法的な誤りを正し、文意のはっきりした文を記述できるように指導することが大事である。

（二）　中学年の発達と学習指導

小学校三年生、四年生を中学年という。集団を意識し、仲間意識が非常に強くなる時期である。集団の中の自分が見え始めるので、自分の特徴や良さを意識させて、自己効力感につなげていきたい。世界的に見て日本の子どもは自己効力感が高くはない。国語科の仕事の一つとして、自分を表してもはずかしくない、認めてもらってうれしい、という経験をさせたい。小集団や学級での話し合いになっても対話的な学びが成立するような学習を心がける。ふだん黙して語らない児童の一言に皆がはっとしたというような経験は貴重である。

中学年は知識的な面を蓄えるのに向いた時期である。漢字の習得や慣用句・ことわざの知識の獲得も中学年で行いたい。「読むこと」に関しては、まとまりを意識できるようになる時期である。論理の流れにそって整理して理解する能力を育てたい。他教科との関連で、事物を関連付けてみる見方や能力も伸ばしたいところである。思考力が伸びる時期であることも踏まえて、「書くこと」において、感想や考えを表すことに取り組ませる。保護者や地域の人と手紙や活動報告などによって交流をして、違う立場の人の考え方に触れることも大事である。

（三）　高学年の発達と学習指導

小学校五年生、六年生が高学年であり、思春期にかかる児童も多い。自意識の強くなる思春期の特徴として、他の人の目が気になり発言が少なくなったり、裏返しできつい言葉が出たりもする。しかし、鋭い感性やしっかりした考え方がじっくり交わされるのもまた高学年である。ある程度複雑で抽象的な思考ができるようになるので、単元の中に複数の学習活動を組み込むことができる。話し合いの起点を児童の疑問に置いたり、自由に調べたことを発表する時間をとったりして、お互いが良さを認め合えるようにしたい。「読むこと」においては人物に同化するだけでなく、文章の書き手や語り手を想定し全体を俯瞰しながら読むことができるようになる。自分の感じ方をメタ化しながら読むことも、批評的なものの見方を身につけるという意味で大事である。「書くこと」については、生活文、意見文、報告文、韻文など様々な文種に取り組ませたい。全体構造を考えながら書くことやレトリックを意識しながら書くことも大事である。

小学校六年間は幼児期から青年期への大事な架け橋である。発達の段階を踏まえた指導が求められる。

注1　岡本夏木『ことばと発達』岩波書店、一九八五

注2　「小一プロブレム」は新保真紀子が提唱した言葉である。

注3　文部科学省国立教育政策研究所教育課程研究センター『スタートカリキュラムスタートブック』二〇一五

注4　お茶の水女子大学附属小学校では幼稚園と小学校の連携を模索し、小学校の朝の会で机を取り払ってサークルの形に座り、スピーチを聴き合ったり、経験を話し合ったりする活動をしている。

注5　文部科学省『次期学習指導要領等に向けたこれまでの審議のまとめ』二〇一六

コラム　子どもがつくるノート

日々の学習で大切にしたいことの一つにノート指導がある。子どもの側からノートの機能について考えてみよう。

①　学習の足跡を残す

ノートに書くことで、その時間、単元でどのような学習をしたかがノートに残る。次の時間や単元の終わりにそれを見て振り返ることもできる。

②　思考の跡が見取れる

①にも関連するが、授業中に読み取ったことや考えたことを書き記すことで、自分の思考の跡をたどることができる。これは教師にとっても、一人ひとりの子どもの学びの姿を捉える重要な資料となる。

③　工夫する楽しさ

初歩の段階あるいは下の学年の段階では、ノートは教師の指示通りに書き板書を書き写すだけのことが多い。しかし、自分の気づきや学習のまとめや自主的に調べたことなどを自由に書くことも可能である。むしろこのような自発的、積極的なノートを奨励したい。ひと言書き添える、絵や図で表す、関連する事柄を他から切り取って貼り付けるなど、多様な書き方、残し方が可能である。ノートは書かされるものから自在に工夫するものに変われば、その学習者の学びは本物といえるだろう。

④　コミュニケーションの場

子どもがノートを書いたら教師が必ず目を通す。そしてそこに励ましや賞賛、さらなる充実へのアドバイスを記す。これは子どもにとっては何より嬉しいものであり次への動機づけとなる。面と向かってではないが、それと同じかそれ以上のコミュニケーションの場になっているのである。

では次に、どのように指導するかについて考えよう。

初歩の段階では、書く内容の面もだが、形式面での細かい指導が必要である。一行目にこのように書きなさいとか、文字の大きさや見出しの付け方等を教える。板書を書き写す場合は、教師が黒板に書く文字、文章を子どもがノートにそのまま書けるように板書していく。そして、それをチェックしできていたら褒める。

その段階を卒業したら徐々に、子どもが自由に書くことを増やしていく。適度な速さでしかも丁寧に書けるように書き慣れることも必要である。工夫や発想の豊かな記述が見られたらどんどん紹介する。すると子どもは書くことを苦にしなくなり、ますます書きたくなる。そして、自分のノートがまさに自分の作品になるのである。

ワークシートのように、書く枠を教師がつくって当てはめて書くような学習ばかりではなく、子ども自身が考える責任と楽しさを経験させたいものである。

第五章　教材研究

一　はじめに

言葉による教材で言葉の力を育てる教科である国語科にとって、より良い授業を実現するためには、良い教材を開発し、その活かし方を研究することが一層大切になる。そこで、国語科ではその黎明期以来、教材研究の方法的確立を目指して、多くの先学たちが研究を重ね、教師たちはその成果に学んで教材研究を行い、授業を構想し、実践してきた。

国語科の教材というと、すぐ「ごんぎつね」や「大造じいさんとがん」などの読み物教材、あるいは様々な説明文教材など、文章による教材が思い浮かぶかも知れない。そして、教材研究といえば、そうした文章素材の分析や研究と考えがちである。しかし実際は、学習者の言葉の教育に資するものすべてが教材であり、例えば話し言葉の指導における話し合いの事例（録音やビデオ等）はもちろん、書くことや様々な学習場面で用いるワークシート等も教材である。すなわち、国語科の教材研究とは、学習者の興味・関心や国語学力等の実態を踏まえ、付けたい力を明らかにした上で、その学習に資すると考えて取り上げる言語素材が、彼らの言葉の学習にとってどのような意味をもち、どのようにふれさせるのが効果的かを考えることなのである。あるいは彼らが言葉の力を身につけるために、どのような言語素材によってそれを支援していくかを工夫していくことなのである。本章では国語科における教材研究について概観し、その基本的な考え方と方法とを考えていくことにする。

二 「教材」と「学習材」

さて、そもそも「教材」とは、学習者に有効な学習経験をさせ、必要な能力や価値を得させるために選択された具体的な陶冶材のことだが、近年では学習者主体の授業観に基づいて「学習材」という言い方もよく目にするようになった。まずこのことについて少しだけ触れておこう。

実は「学習材」は決して新しい用語ではない。例えば倉澤栄吉は、教科書の文章について教師がその役割や価値を研究して教材化し、子どもたちがその指導のもとで読んだり話したりすることで「はじめて学習材となった（学習材化された）ことになる」と考えた。(注1)一方、輿水実は「教材は『学習材』として考えられなければならない」と述べて、学習者の学習という立場から作品や文章を研究する必要性を説いた。(注2)ともに一九六五年のことである。このように学習材の語は現在でも論者によって様々に用いられている(注3)現状がある。そこで本稿では、一教師として授業を構想し準備した教材が、展開や学習活動を工夫することで、学習者にとっての学びの成立に資すること（学習材として機能していくこと）を願いつつ、「教材」「教材研究」の語を用いることにする。

三　国語科の教材の種類

では、国語科の教材にはどのようなものがあるのか。国語科の教材については、平成二九年版学習指導要領の「第3　指導計画の作成と内容の取扱い」の中で、「教材は、次のような観点に配慮して取り上げること」として、

ア　国語に対する関心を高め、国語を尊重する態度を育てるのに役立つこと。

イ　伝え合う力、思考力や想像力及び言語感覚を養うのに役立つこと。

など十項目が示されている。冒頭にも述べたとおり、これらに適う、あらゆる話題や事柄（言語素材）が教材になり得るわけだが、そうして取り上げた国語科教材は、その特性や機能に応じて、例えば次のように分類されることがある。

［形態や情報を伝えるメディアの観点から］　①音声教材　②視聴覚教材　③文章教材　④画像や図表　等

［内容の観点から］　①文学教材　②説明文教材　③古典教材　④言語教材　等

［学習する時期や段階の観点から］　①入門教材　②練習教材　③応用教材　④発展教材　等

［機能や教材化の意図の観点から］　①話題提示の教材　②方法提示の教材　③モデル（見本）提示の教材　等

これらは、同じ教材（言語素材）でもねらいや提示の仕方、取り扱い方等によって様々な意味をもって学習に働くことを示すものであり、大切なのは具体的な教材の特性を的確につかみ、その教材を「どのような目的や意図でどのように活用するのか」という点に自覚的であることだ。

例えば、話し言葉の指導を例にして考えてみよう。「互いの立場や意図を明確にしながら計画的に話し合い、

考えを広げたりまとめたりすること」（五・六年「A　話すこと・聞くこと」(1)オ）の指導にあたり、「話し合っている様子のビデオ」を視聴させるとする。このビデオは、話し合いの仕方や進め方をつかめるという点で、学習者にとって効果的な「モデル提示の教材」となるだろう。しかし、動画であるから学習者がそれぞれの必要に応じて自在に後戻りして確かめるのは難しい。そこで話し合いの方法を確実につかむために話し合いの手順をまとめた「学習プリント」（方法提示の教材）を同時に配布すると効果的だろう。これらの教材は、入門期に用いるのか、応用期に用いるのかによっても扱いや作り方が変わってくる。教材の特性を活かし、適切な教材を編成することで、学習効果を高めていくのが教師の役割である。このとき、具体的な教材の特性をつかんだり、その活かし方を工夫したり、必要に応じて複数の教材を組み合わせて編成したりするのが「教材研究」なのである。

ところで、こうしてあらかじめ準備したものだけが教材なのではない。学習が展開する過程で出されたある学習者の発言を教師が「〇〇さんの意見を検討してみよう」と取り上げるとき、その学習者の言葉は教材としての機能をもつ。あらかじめ用意した教材を「一次的教材」と呼び、こうして授業の中で生み出されるのは「二次的教材」と呼ぶことがある。授業を通して新たな教材が次々と生み出されてくるのが国語科の授業なのである。

四　国語科教材研究の基本的な考え方・進め方

では、国語科の教材研究とはどのように行うか、ここでは「読むこと」の教材研究を中心にその考え方や具体的な方法例を紹介していく。「読むこと」の教材研究法の開発には膨大な蓄積があり、またこれを学ぶことで「話すこと・聞くこと」「書くこと」指導で取り上げる教材の準備、研究にも一定以上、援用できるからである。

（「話すこと・聞くこと」「書くこと」に関する教材やその扱いについては、例えば『国語教育総合事典』の「16．言語学習材」の「16．3．2　学習材化と言語活動[注4]」などを手がかりにして考えてみるとよいだろう。）

さて、明治期以来多くの実践家・研究者が様々に教材研究に取り組んできたが、少なくとも一九九〇年頃には現在にも一般に行われる方法論の基盤が形成されたといえそうである。例えば、飛田多喜雄・国語教育実践理論の会は、巨視的な視点から、「A　国語教材の通時的・歴史的研究」「B　国語教材の共時的・比較的研究」「C　国語教材の直接的・対象的研究」という全体の枠組みを示した上で、今日我々が一般に教材研究と呼んでいる「C」について、次のように整理してその詳細な観点と実践例を示した[注5]。特に共著者の斉藤喜門がその詳細な観点を一覧にしていて今日でも参考になる（五六・五七頁資料参照）。

a　国語教材の編成的・構成的研究　b　国語教材の基礎的・素材的研究　c　国語教材の指導的・適時的研究

また、大内善一は、教材研究の過程をそれぞれ五つの手順を示して整理した[注6]。

A　作品・文章分析（教材化研究）　①作品・文章の分析　②分析データの整理・総合化（＝作品論・文章分析図）　③作品価値・文章価値の吟味　④教育的陶冶価値の確認　⑤教材としての組織・編成

B　教材分析　①教材の分析　②分析データの整理・総合化（＝意味構造図・文章構造図等を含む）　③学習者の読みの予想　④教材価値（＝内容価値・表現価値）の抽出　⑤〈教材の核〉の抽出

C　授業の構想　①学習者の実態把握　②指導目標の設定　③指導内容の検討　④指導計画の立案　⑤指導

過程（＝本時の計画――目標と展開）の検討

両者を比べると、「a」「A」の部分に、素材の開発・編成の過程を位置づけ、次いで「b」「B」で授業で取り上げるための精緻な分析や検討を行い、「c」「C」で指導計画や指導過程、指導法の検討を位置づけている。詳細に見れば、「学習者の反応の予想」を飛田らは「c」に位置づけ、大内は「B」の一部とする等の違いもあるが、両者ともおおよそ、次の①から③のような過程として整理していることに気づく。こうした教材研究の過程は、他の研究者の教材研究論や、多くの教師によって実践される教材研究法とも通じるものである。

① 教材の開発・選定・編成のための研究（編成的研究）
② 具体的な教材の内容・解釈・言表面・育てうる能力面等に対する分析的な研究（素材的研究）
③ 教材の指導上の扱い方や指導の仕方の研究（指導的研究）

このとき、教科書教材で授業することが多い実態からいえば、右の①の編成的研究は教科書編集の段階で、編集に携わる研究者らによってすでに行われているといえよう。しかし、飛田は教科書を用いる場合でも、「教科書教材の順序や内容を変える必要がある場合」「補充教材や発展教材を必要とする場合」（稿者が要約）など、教師が自ら教材を編成すべき場合があると指摘する。「主体的・対話的で深い学び（アクティブラーニング）」の実現を目指す今日では、学習者の関心や学習の展開に応じて、教科書教材を積極的に超えていく必要が生じやすくなる。これまで以上に教材の編成的な研究が必要になってくるといえるだろう。

②と③は、実際には単に段階的に進めるというより、教材の分析を進める中で授業での扱い方のイメージが浮かんできたり、指導の目標（どのような能力を育てようとするのか）を達成する視点から教材の語句や表現を分析し直したり、自在に行き来しながら行うものである。②と③については、例えば次のような検討をしてみるとよいだろう。

【素材的研究】　教材の内容・解釈・言表面・育てうる能力面等に対する分析的な研究

ア　意味内容の理解・検討……何が書かれているのか。

◎教師の読みの言語化　　◎予想される「小学生」の読み

◎作品論的視座も加えた検討（作者・著者、書かれた時期からの意味、関連作品や文章との重ね合わせ）

イ　表現構造の検討……アの教師の解釈を表現構造（叙述や文章構造等）として裏付ける、確かめる。

　例・文　学：ストーリー、プロット、人物、出来事　等

　・説明文：話題、事柄と考え、筆者の論理、中心文とキーワード　等

　・文章の構成（段落や場面の関係・展開）、文と文の連関、語句選択、修辞、用字・表記、文体　等

ウ　能力的研究……教材特性としてどのような力を伸ばせるか。ある力を育てるためにどこを扱うと有効か。

◎学習指導要領の指導事項の観点から……指導事項の観点から分析してみる。

◎どのような読み方（読みの知識・技能、方略）を教えたいのか。

エ　価値的研究……児童の興味・関心の面から、児童の人間形成の面から。

【指導的研究】　授業での扱い方、学習活動（言語活動）とのかかわりの検討

ア　学習者の実態から検討する　……「読みの予想、つまづきの予想」「既習事項の活用」等。

イ　学習の目標から取り扱いを考える……どのような力の習得をねらって教材のどこをどう扱うか。
ウ　学習の内容の観点から検討する……新出漢字、語句。表現技法等の修辞。育てうる読みの知識・技能等。
エ　学習展開・言語活動の観点から研究……学習活動の観点から読み直す。どこが鍵か。どう扱うとよいか。

五　省察的な研究

教材研究で大切なのは自身の教材研究をしっかり記録していくことだ。教材ごとに教材研究ノートを作っていく教師もいれば、教材文に書き込みをすることで教材の研究と記録を同時に行う教師もいる（書き込み式教材研究＝注7の書籍に詳しい）。やり方はそれぞれが自分にとってやりやすい方法を工夫していくとよいだろう。

こうした記録が大切になるのは、自身の授業を通して教材研究を振り返る（振り返らざるを得ない）機会が起こるからである。研究授業や教師仲間との研究会等で報告する場合などにはこの記録が大事な資料になり得る。しかしごく日常の授業の中でも、学習者の予想外の反応や解釈にハッとして、自身の教材解釈や教材分析を見直す必要が生じることは少なくない。そのとき、自身の教材研究の過程が残っていると気づきも得られやすい。

この「授業実践前の教材研究が授業実践をとおして省察され変容していく」ということを、単に教材研究の不足としてでなく、授業（学習者の反応）を踏まえた教材研究として、教材研究論の中で具体化していこうとした研究に、澤本和子・国語教育実践理論研究会がある。（注7）同研究会では斉藤喜門（前掲）が「反省的教材研究」として提起した考え方を継承・発展させ、事前・事中・事後のそれぞれで行う教材再研究という考え方を提起した。本稿では、先に述べた「編成的研究」「素材的研究」「指導的研究」という考え方に加える形で、「省察的研究」

と呼ぶ。[注8] 省察的研究とは、「授業実践をとおして自らの教材観（教材性の認識、教材解釈 等）を意識的・自覚的に省察しつつ学習者の読み（学習者と教材テクストの相互作用）を捉え、これをふまえて教材の再研究や、授業の再設計に生かしていく」営みである。[注8] すなわち、教材研究を次のように捉えるのである。

教材研究
- 基盤的研究（授業づくりの基盤となる授業前の構想・準備段階の編成的・素材的・指導的研究）
- 省察的研究（授業をとおした編成的再研究・素材的再研究・指導的再研究）

例えば、授業の中である学習者から予想していなかった解釈が提起されたとき、教師はあらためて教材の読み直し（＝省察的教材研究）を始める。ときには他の学習者たちを巻き込んで教材文の解釈を検討する授業へと展開する。学習者たちも教師も一緒になって考えていくことになる。このとき肝心なのは、中田基昭が、

> 教師が授業において子どもと共に学ぶためには、教師は何よりもまず、教材解釈や授業の展開計画における教師の体験や体験の結果定式化されたものを現実の授業においてたんに再想起するのではなく、再び教材解釈それ自体を再活性化する必要があるのである。[注9]（傍点は筆者）

と述べるように、基盤的教材研究の成果を絶対視して判断するのではなく、今その場で読んでいる学習者たちとともに、あらためて教材研究自体をやり直す＝「教材研究の再活性化」として読み直していくことが肝要なのである。

授業中には取り上げきれず、授業後に再研究をする場合もあるだろう。論文検索が格段にしやすくなった時代であるから、可能なら先行実践・先行研究にあたり直してみたい。それが無理でも、同僚と話し合うだけでも効果的である。いずれにしても、その子はどのようにその解釈に至ったのかを丁寧に検討したり、教材文の言葉にはそう読める可能性がないか徹底的に再検討したりすることから始めるとよいだろう。

省察的教材研究は、事中や事後に、単に教材研究をやり直すのではない。先に定義の最後で「授業の再設計に生かしていくこと」と述べたように、次の時間、あるいは次の教材での学習に生かしていくことが大切である。

内省派教師の一人とされる武田常夫に次の言葉がある。

> 教師をうろたえさせ、よろめかせるほどの創造的な発見や解釈がうまれるような授業を創造することが、教材解釈の原則なのだ。それが授業なのだ。(注10)

教材研究は、教師の解釈や教材理解を深めるが、それは、授業をとおして学習者にもそれに気づかせるため、そこに至れるような読みの授業を実践するためでなく、学習者が読みの主体となって、「教師をうろたえさせ、よろめかせるほどの創造的な発見や解釈がうまれるような授業」を目指していくためにこそ行うのだ。

注1　倉澤栄吉『国語教育の実践理論』明治図書出版、一九六五、倉澤栄吉『倉澤栄吉全集⑧』角川書店、一九八八

注2　輿水実『国語教育の近代化入門』明治図書出版、一九六五

注3　藤森祐治『国語科授業研究の深層〜予測不可能事象と授業システム〜』東洋館出版社、二〇〇九、安居總子「16．言語学習材」日本国語教育学会編『国語科教育総合事典』朝倉書店、二〇一一　等

注4　安居總子「16．言語学習材」日本国語教育学会編『国語教育総合辞典』朝倉書店、二〇一一

注5　飛田多喜雄、国語教育実践理論の会『誰にでもできる国語科教材研究法の開発』明治図書出版、一九九〇

注6　大内善一『国語科教材分析の観点と方法』明治図書、一九九〇

注7　澤本和子、国語教育実践理論研究会編著『新提案　教材再研究―循環し発展する教材研究　子どもの読み・子どもの学びから始めよう』東洋館出版社、二〇一一

注8　宗我部義則「国語科における省察的教材研究の探究～中学校文学教材の授業事例を中心とした考察を通して～」『平成二三年度横浜国立大学大学院教育学研究科修士論文』二〇一二

注9　中田基昭「「子どもと共に学ぶ」ということ」吉田章宏編『教育心理学講座3授業』朝倉書店、一九八三

注10　武田常夫『文学の授業』明治図書出版、一九六四

資料　教材研究の観点とその体系化

（斉藤喜門『国語科授業の新展開54　誰にでもできる国語科教材研究法の開発』明治図書出版、三四～三七頁）

◇基礎的研究

(1) 素材的研究（作品論導入）　教材の本質特質探究（教材観確立）

文学的文章　説明的文章

① 言表（表現）面の検討

ア　文章構成（機構）

○冒頭の入り方　○末尾の結び方　○段落相互の関係
○伏線（サスペンス）○構成の仕方（起承転結、頭括・尾括、山場など）　○叙述の態度（話者の位置・視点）
○題名のはたらき　○リズム　○材料（資料）の生かし方　など

文学的文章	説明的文章
○形象性　○あらすじ	○論理性　○要約
○会話のはたらき・効果	○事実と意見
○人物の造形・紹介の仕方　など	○中心部分と付加部分　など

イ　文の構成・文と文の関係

○文の長さ　○キーセンテンス　○文章表現（現在形・推量形・断定）○倒置法　○主述の照応・省略　○連用連体修飾語のかかり方　○作者の愛用文型　○文と文の接続とはたらき　○欧文脈調・和文脈調・漢文脈調　など

ウ　品詞・語句・語彙的事項

○副詞の使用　○愛用語句　○重要語句　○キーワード
○接続語　○専門語句　○漢語　○外来語　○新造語
○類義語　○方言　○俗語　○擬態語　○敬語
○「が」と「は」　○係り結び

エ　用字・表記

○新出漢字　○難字　○書き順　○かなの生かし方
○漢字の全体状況　○句読点　○句切れ符号

オ　音声

○発音　○アクセント　○朗読の仕方　○録音テープ

(2) 能力面からの研究

養うべき能力の可能性を具体的に検討する

①知識
○漢字
○語句・語彙（上記ウ参照）
○文章構成
○修辞
など

②技能
ア　主題・要旨のとらえ方
イ　学び方技能（指導事項参考）

③態度
○自由性
主体性
○積極性

◇指導的研究

(1) 学習者の立場からの研究

①実態把握（全体的把握）
ア　国語に対する興味・関心
○表現
○理解
説明的文章
文学的文章
○言語

②対象的把握（今回取り上げる教材・能力の実態）
ア　同一形態の文章学習の状況
イ　診断評価
ウ　遅進児のつまずき

(2) 指導計画からの研究

①立案した指導計画の
それぞれの目標が具体的にどう指導できるかを教材にあたって検討

②指導内容からの検討
取り上げた指導内容を教材に即して研究
○「赤帯」と「私」の性格・心情はどうか
○作品の主題は、そして生徒のとらえ方、つまずきの予測

③授業展開からの検討
ア　時間配分
イ　展開
○導入・展開　○整理

カ　修辞
○反復　○反語　○強調　○特別な言いまわし
○比喩　○対句　○諷刺　○設問法　○引例　○対比
○誇張法　○詠嘆　○演繹法　○帰納法　など
○擬人法　○倒置法
○漸層法　○省略法
○描写と説明　など

キ　文体
○一般的特徴（右言語事項の現れ方・固い・軟らかい・冗漫・簡潔　など）

②内容的価値の検討
○主題・要旨　○目的・意図　○話題・題材　○掲載誌
○読者対象　○さし絵・写真・参考品
○ものの見方・考え方・感じ方　○思想性　○発想
○背景　○問題意識

③外部探索
○作者・筆者　○時代思潮
○類似作品、発展教材、理解資料の探索

○協調性
○相手意識
○国語愛
どこでどのように養うか

(3)　精神（教育）的価値の研究
（国語科教育上の価値＝二次教材化のまとめ）
○児童・生徒にうったえるもの　○言語生活・生活向上への寄与
○問題意識を喚起するもの　○養える能力
○必要性・興味に即応するもの
○陶冶材としての妥当性
○生活的適応性
○新しい人間像への裨益

(4)　意味構造図化（文章構成図の作成）

エ　設定した発問
課題への反応予測

ウ　発問・課題

④指導方法からの検討
ア　指導形態
○話し合い・討論
○一斉指導
グループ指導
○自己学習　など
イ　板書・機器
○板書　○録音機
○ノート
⑤他教科・道徳・特活との関連

◇反省的研究

(1)　指導段階での研究
児童・生徒の反応からの見直し

(2)　指導後の研究
評価等を通しての見通し

※改行の仕方など元の配置の意図を損ねない範囲で変更している箇所がある。明かな誤字と思われるものは正した。また、「◇指導的研究⑵指導計画からの研究」の「②指導内容からの検討」のうち、赤帯と私の……という部分は一覧作成過程で個別の教材研究の例が紛れて残ったものと考えられるが、そのまま残した。

コラム　教材開発

「教材」というとまず思い浮かべるのは教科書であろう。教科書はその学年で目指す目標に沿って内容を配列した最重要の教材といってもよい。しかし、教科書は、全国どの学校でも使えるものでなければならないこと、紙幅に制限があることなど条件が厳しい。したがって、例えば子どもたちに長い読み物にチャレンジし読む力をつけさせたいと考えたら、教師自らがその趣旨にかなう読み物を探さなければならない。あるいは、その学校や地域独自の文化、文化財があってそれを生かした学習をしたいと考えれば、当然教材は教師が選ぶことになる。

教科書は隅から隅まで残らず指導しなければならないという呪縛が教師にはあるように思う。もちろん教科書をないがしろにしてよいということではまったくない。しかし、教師が自分の学級でこういう学習をしたい、こういう力を子どもにつけたいという願いのもと、その実現のために適した教材を見つけ実践することは、教師の教材研究力や鑑識眼を伸ばすチャレンジングな営みである。大いに歓迎したい。

その際大切なのは、説明責任である。教科書以外の教材を使って学習するのはなぜなのか。その教材でつけられる力はどのような力で、学級の実態に照らして必要かつ適切なのか、を教師がしっかりもっていることである。実際に、学校長や保護者にその説明をして理解を得る必要があることもあるだろう。

筆者はこれまでに、次のような教材開発に取り組んだ。

・同じ作者のシリーズ絵本を複数読み、絵本に共通して登場する主人公の描かれ方に注目して読む学習。読書の幅を広げることや比較して読むことを意図した。

・新聞記事を用いてエッセイの書き方や書き手のものの見方の面白さを考える学習。

・ベストセラーになった話題の本の一部を子どもたちが読み、その本のまねをして投書と回答を書く学習。その活動を通してコミュニケーションについて考えた。

そのような開発された教材は、他の教師も実践でき共有財産にすることができる。学級の実態やねらいに応じてアレンジすることも可能である。

子どもたちの言葉の力を育てる教材は、本、新聞のほか、映像、絵画、ネット上などいたるところで発掘できるだろう。さらに、学習中に子どもたちが残した文章、作品、発話も学習のための二次的な教材となることも心にとめておきたい。常に、アンテナを張ってよりよい教材の開発に心がけ、それを子どもたちと一緒に学び試みる、そんなチャレンジ精神を大切にしたい。

第六章　授業デザイン

一　授業デザインとは

授業デザインとは、授業を行う前に教師が行う授業の計画のことで、授業計画ともいわれる。類語として授業設計という言葉がある。しかし、生き物のような授業を目的合理的に制御しようとするのが授業設計ともいわれる[注1]ように、授業設計という言葉は、多様な子どもの学びをある方向性に教師が制御する意味合いに受け取られることもある。「授業は人間的なもの」であり[注1]、そうした動的で、多感で多様な、生きた子どもの学びを目的とする授業の計画には、「授業デザイン」という言葉が使われることが多い。本章では、授業計画を「授業デザイン」として使用する。授業デザインは、文部科学省が告示する学習指導要領に基づいて、各地域の教育委員会、各学校が作成した国語科のカリキュラムを参考にしながら、子どもの思いや実態、学びの履歴、教師のねがい等を考慮しながら作成するものである。さらに、授業デザインには、授業の単元計画（単元構想）と、一つの授業の計画を作成する指導計画とがある。では、どのようにして、教師は授業デザインを行っていくのか、事例をもとにして説明する。

授業デザインを行う際に、教師が大切にしなくてはならないのは次の点である。

(1) 小学校学習指導要領や、求められる「資質・能力」を踏まえて作成する

授業デザインする際には、今、担当している学年、学級の子どもたちに求められる国語の「資質・能力」について教師がしっかり理解しておく必要がある。

こうした平成二九年版学習指導要領で示された学びの内容と、目指されている国語科の学びの姿や求められる「資質・能力」を踏まえ、目の前の子どもの学びの実態とをよく照らし合わせて、国語科でどのような言葉の力を育むのかをよく考え、授業デザインに取り組む必要がある。したがって教師は、「どのような言葉の力をつけるのか」を考えながら、授業デザインする必要がある。平成二九年版学習指導要領では、言語能力の育成のために、教科等横断的な視点に立った「資質・能力」の育成も求めているため、国語科だけに限らず、全教科の授業デザインにおいても豊かな言語能力の育成にあたることを認識しておく必要がある。

(2) 教材を研究する

国語の授業デザインを行う際には、必ず教材研究を行う。教材研究は、知を創出する授業組織のために実施し、子どもの知を鍛え育てることを目指す授業づくりの一環として位置づけられる。(注2) 教科書の教材は、教師が教科書教材についてよく理解し、教材の特質について学ばないと、その教材で国語を教えることはできない。文章教材であれば、熟読し、新出漢字、文法、言葉遣い、場面・段落、文章の構成などの文章構造について教師が理解し、子どもたちが文章を読む上でつまずきそうなところや、思考が揺さぶられそうな場面を事前に想定することが重要である。

また、物語文や説明的文章の場合は、子どもたちの学習履歴、既習事項を把握しておく。どんな文章や物語を学習しているのかを前学年からさかのぼって把握し、子どもの言語能力の状況や既習事項を把握することも重要

である。

さらに、各学級には、国語の得意な子どもばかりではなく、国語の不得意な子どもや、学力の弱い子どもたちもいる。そうした子どもたちのためにも、教師は音読でつまずきそうな場所や、読みとりが難しいと感じる場面などをあらかじめ推測し、子どもたちにも自分の力で乗り越えながら、学びの楽しさを感じられるような授業デザインを行うことが大切である。教材研究を行うことで、教材によっては、一斉指導のデザインと、個々の子どもに応じた支援や指導のデザインを作成しておく必要があることがわかる。こうした細やかな配慮が、国語がわからない、難しいと感じる子どもへの支援につながる。

(3) 子どもの学びの実態をつかむ―児童理解―

授業デザインする際に一番大切にしたいのは子どもの実態把握である。この実態把握には二つの視点がある。一つは、言語の実態把握であり、もう一つは、生活の実態把握である。

言語の実態把握では、子どもたちの生活の言葉を把握した上で、今どのような言葉の力がついているのか、また言語で弱いところはどこなのかといった実態をつかむことから、どのように言葉の力を育みたいのかという授業デザインの根拠が生まれてくる。学習指導要領や学校のカリキュラムにあるからではなく、子どもの姿、子どもの実態から、学びの根拠を見いだし、授業をデザインすることが望ましい。

生活実態の把握であれば、今どのようなことに興味・関心が高いのか、目の前の子どもたちの実態を生活、言語の視点から把握した上で、授業をデザインするのである。まずは、子どもを知ること・子どもの言葉を知ること、そうした児童理解の視点から授業デザインを始めたい。

授業経験を積んでくると、授業デザインの最中に学級の子どもたちの顔、様子が教師の脳裏に浮かび上がってくる。「ここで、○○さんが発言するだろうな。この場面は○○さんがこう考えるだろうな。ここでは○○さんはつまずいてしまうかな。○○さんはこうした言葉にこだわるだろうな」といった個々の子どもの予想される反応を考えることも重要な授業デザインの要素である。教育実習も四週目に入れば、授業デザインの際にいろいろな子どもたちの学びの様子が具体的に目に浮かんでくるかもしれない。そうした教師の実践的知識を授業デザインの際に大切にしてほしい。

(4)　子どもの主体的な学びを生み出す授業デザイン—アクティブラーニング（ＡＬ）—

国語科の授業における言語環境をどのようにつくるのか、そうした授業デザインも重要である。平成二九年版学習指導要領では、総則「第３　教育課程の実施と学習評価」１(2)に「言語能力の育成を図るため、各学校において必要な言語環境を整えるとともに、国語科を要としつつ各教科等の特質に応じて、児童の言語活動を充実すること」と示されている（傍線著者）。言語能力の育成のために、必要な言語環境をデザインすることを提言している。また、同じく総則第３　１(6)には、「児童が自ら学習課題や学習活動を選択する機会を設けるなど、児童の興味・関心を生かした自主的、自発的な学習が促されるよう工夫すること」とある。こうした提言が、平成二九年版学習指導要領の「主体的・対話的で深い学び」につながる。この視点に立った授業デザインを行うことで、「学校教育における質の高い学びを実現し、学習内容を深く理解し、資質・能力を身に付け、生涯にわたって能動的（アクティブ）に学び続けるようにすること」が実現される。つまり、授業が、教師主導で、一問一答式で進めたり、教師の一斉指導形式で完結したりする学びのスタイルではなく、子どもたちが自ら問いを考え、その問いを探究したり、グループで対話し、相互交流する中で思考を深めたりするような学びの授業デザインが求められているのである。こうした能動的な学び、「主体的・対話的で深い学び」は、アクティブラーニング

（ＡＬ）ともいわれる。国語科では、例えば、お茶の水女子大学附属小学校で実践された石田佐久馬教諭の「問題作り学習」（一九八六年）など、子ども自らが問いを作り、グループで相互交流し、共同思考し、その問いを探求していく授業スタイルは従来から広く行われてきている。

ここで誤ってはいけないことは、授業デザインの際に、学びの環境づくりを先に考え、「形」や「型」として学びを捉え、グループ学習をしていれば対話を深めているとしたり、子どもの活動形態や学び型を重視して学びのデザインを作り上げたりしてしまうことである。学びの環境デザインから授業デザインを行うのではない。教師がまず考えるべきは「型」ではなく、学びの「内容」であり、学びの「質」である。そして、どのような国語の力がついたのか、である。この学びの質を高めるために、より効果をもたらす学びの環境を考え、授業デザインを行う。アクティブラーニングが必要であれば、授業デザインに導入する。ここは一斉での共同思考の方が深まると考えれば、一斉で共同思考の授業デザインを行う。アクティブラーニングありきで授業デザインをするのではなく、子どもたちに国語の力をつけるために、最も適切な学びの環境づくりを教師はデザインするのである。

二　授業デザインの実際―小学校三年生　物語文の実践から―

実際に、小学校三年生「読むこと」の領域にある物語文『モチモチの木』（斎藤隆介、光村図書・下）の授業の実践から、授業デザインについて考える。

（一）単元構想

単元を構想する際、まず、国語科の学習指導要領を確認する。学びの中核になるのは「C　読むこと」であるので、三・四年生の「C　読むこと」の内容を見ると、「(1)イ　登場人物の行動や気持ちなどについて、叙述を基に捉えること」、「エ　登場人物の気持ちの変化や性格、情景について、場面の移り変わりと結び付けて具体的に想像すること」とある。こうした学びの内容をもとにして、単元を構想する。

この「イ」と「エ」の内容にあるように、キーワードは「登場人物の行動・気持ち」になる。ここをどのように授業で子どもに読みとらせるのかを考える。ここが、授業デザインの入口である。そして、授業デザインの着地点は、この単元での学びの評価、どのような「資質・能力」を育んだのかである。学習指導要領の国語科の三・四年生の「思考力、判断力、表現力等」では、前述の「C　読むこと」の内容「イ　登場人物の行動や気持ちなどについて、叙述を基に捉えること」、「エ　登場人物の気持ちの変化や性格、情景について、場面の移り変わりと結び付けて具体的に想像すること」を育むことを「資質・能力」としている。叙述から登場人物の心情把握、理解をどのように授業として進めていくのか、ここが授業デザインの要となるのである。

また、同じく「C　読むこと」の内容「カ　文章を読んで感じたことや考えたことを共有し、一人一人の感じ方などに違いがあることに気付くこと」にあるように、『モチモチの木』のような物語文では、全員が同じ読み方になることを目指すのではなく、互いの読みの違いや感じ方の違いにも気づけることに配慮して授業デザインする必要がある。当然、読みとったことを個々にノートに書いて終わるのではなく、互いの読みに気づけ合える話し合い活動や相互交流場面を設けることなどが工夫としてあげられる。

また、三・四年生の「2　内容〔知識及び技能〕」においては、「(1)　言葉の特徴や使い方に関する次の事項を身に付けることができるよう指導する」とある。この「(1)オ　様子や行動、気持ちや性格を表す語句の量を増し、話や文章の中で使うとともに、言葉には性質や役割による語句のまとまりがあることを理解し、語彙を豊かにすること」とあるので、ここから、登場人物の気持ちや行動を表す言葉の習得や理解にも配慮し、授業デザインする必要があることがわかる。したがって、「C　読むこと」の言語活動例に、「(2)イ　詩や物語などを読み、内容を説明したり、考えたことなどを伝え合ったりする活動」が示されているように、「読むこと」だけに限らず、話し合い活動のような「話すこと・聞くこと」、語彙の習得を目指す「書くこと」の領域も、授業デザインの中に組み込むことが必要である。特に、単元のまとめをどのように授業デザインするのか、話し合い活動など、豊かな言語力育成を目指して様々な言語活動を組み込むことが多い。

(二)　単元計画

単元の指導計画は、一時間ごとに授業デザインすることが多い。さらに、長い単元であると中心となる学びごとに「一次」、

表6－1　単元計画の例

	学習内容　（全11時間）		話す・聞く	書く	読む
一次	(1)はじめの感想を書く・知りたい言葉を辞書で調べる。（1時間）	並行読書			
	(2)登場人物について考える。（1時間）			○	○
	(3)①の場面（おくびょう豆太）について考える。（1時間）				○
	(4)②の場面（やい、木ぃ）について考える。（1時間）				○
	(5)③の場面（霜月二十日のばん）について考える。（1時間）				○
	(6)④の場面（豆太は見た）について考える。（2時間）				○
	・豆太の気持ちについて話し合う。		○		
	(7)⑤の場面（弱虫でも、やさしけりゃ）について考える。（2時間）				○
	・豆太は「弱虫」？「勇気のある子ども」？　なのか、話し合う。		○		
二次	物語の中で、自分の心に残った言葉をポスターにして発表しよう。				
	・わかりやすく表現しよう。（2時間）			○	○
	・発表会をしよう。（1時間）		○		

配当時間

（注）並行読書とは、学習と並行して教材の作者の作品を教室に用意し、休み時間などにいつでも子どもたちが読める環境にしておき、教材（作品）への興味・関心を高めようとする読書指導である。

「二次」と分けて記述する（表6-1参照）。

配当時間は、年間計画から何時間ぐらい使えるかを考え、授業を行う月の学校行事や学年行事を踏まえながら、決める。また、「話す・聞く」、「書くこと」、「読むこと」について、どの領域を授業時に重点的に学びの視点にするのかを示し、教材の特性をどのように生かすのかを考え、授業をデザインするとよい。

（三）学習指導案

単元構想を作成した後に学習指導案を立案し、【単元について】と【本時案】について、以下の内容を書く。

【単元について】　○単元名（題材名）　○単元設定について　○単元目標　○単元計画

【本時案】　○本時について　1. 本時のねらい　2. 本時の展開　3. 評価　4. 板書計画

単元設定には、①教材について（教材観）、②児童について（児童の実態）、③指導について（指導観）を書く（六八頁の「学習指導案の例」を参照）。

「教材観」は、この単元での具体的な教材の役割、子どもたちの学びとしてどんな資質・能力を育み、引き出す教材なのかを具体的に書く。教材研究したことがここに生かされるといってよい。

「児童の実態」は、子どもたちの実態、生活言語の実態、国語科の学びの履歴について書く。こうした実態の子どもたちに、どのような言葉の力や資質が必要なのか、その力を育むためにどのような学びをデザインするのか、指導者としての考え、また、成長へのねがいを書く。

「指導観」は、教師としての国語科における学びのねがい、どのような力をつけたいのか、どのような資質を育みたいのか、教師のねがいと、それを実現させるための教師の手立てや指導の工夫や配慮について書く。

こうした単元構想をもとにして、本時案を作成する。本時案は、子どもの主な学習活動、授業を行う教師の留意点や手立て、評価について、授業の流れを授業の始めから終わりまでを時系列になるように表し、詳細に書く。これは、教師が子どもの学びを臨機応変、その時々の子どもの反応にまかせて流れていく授業ではなく、しっかりと教師が授業デザインの中に、学びのねらいを明確にもち、授業を行っているということを示すものである。子どもの主体性や、興味・関心を重んじ、学習指導案の通りに行かないのが授業ともいわれるが、毎回、学習指導案どおりに授業が進まないのであれば、授業デザイン方法そのものに課題があると考えるべきで、教師の子どもの学びの見通しや、子どもの実態把握、見取りが浅いと見つめ直し、単元計画を見直すべきである。

学習指導案には、本時の評価項目も書く。これは、「指導と評価の一体化」を図るためである。国語科では、学習指導要領の「A　話すこと・聞くこと」、「B　書くこと」、「C　読むこと」、「知識及び技能」ごとに評価規準を書く。この評価規準は、学習指導要領や各都道府県、市町村教育委員会の作成したカリキュラムや学校独自の編成カリキュラムを参考にしながら、教師の指導のねらいと照らし合わせながら書く。

また、学習指導案には、板書計画も書く。板書も授業デザインをもとにして、計画的、効果的に行うものである。その時々の反応によって、少し変わる場合もあるかもしれないが、子どものより良い学びのために、どのような板書であるべきか、その教材、授業デザインからよく考え、実践したい。また国語科の学びでは、板書は、正しい「答え」「正解」を示すものではなく、みんなの考え、話し合われたことを構造的に表すものとして活用したい。そのためには、板書全体を見渡して学習をふり返れるよう、板書計画に工夫も必要である。ノート指導にも関連するが、板書内容をきれいに書き写すことだけがノートに書く学びの役割ではないので、そうしたことにも配慮しながら指導、授業デザインを行いたい。

表6－2　学習指導案の例

3年○組　国語科　学習指導案

授業者　○○○○

1．日　時　○○○○年○月○日（○）　○時間目　○時○○分～○時○○分
2．場　所　3年○組教室
3．単元名　物語を読む『モチモチの木』（光村図書出版　3年生下巻）作者　斎藤隆介
4．単元について

（1）教 材 観

教材観は、教材の説明、この単元における教材の役割、子どもたちの学びとしてどのような力や資質・能力を育み、引き出す教材なのかを記述する。

『モチモチの木』は、おくびょうものの豆太が、じさまのはらいたを機に、「夢中で思わぬ勇気をふるい起こして」（斎藤隆介）半道もあるふもとの村まで医者さまを呼びに行く。そして、「モチモチの木に灯がついている」幻想的な風景を目にする物語である。この物語の山場は、夜のせっちんにも一人で行けないおくびょうものの豆太が、じさまの急病に際し、勇気を出して、夜道をふもとの村まで医者さまを呼びに行く場面である。「やさしささえあれば、やらなきゃならねえことは、きっとやるもんだ」という、じさまの言葉にあるように、勇気、そして、やさしさの原点を子どもたちと話し合いたい物語である。作者は、この豆太の行動を、「人間の素晴らしい行動の底には、やさしさこそが金の発動機になっている」と記す。「やさしさ」の原点を豆太の心情理解とともに読み進めたい。また、「おくびょうものの豆太」の心情についても、闇夜や山奥の夜の怖さも想像でき、共感できる子どもたちも多いであろう。この豆太の気持ちを想像し、時には共感しながら、この物語を読み進めたい。

本時では、豆太の医者さまを呼びに行く原動力につながった豆太の心情を考えたい。目的（じさまを助けたい）を遂行するために自己を奮い立たせ、夜中の山道を走る豆太の行動について読み、話し合いたい。また、国語の育む「資質・能力」にある「第3学年・第4学年」の「思考力、判断力、表現力等」にあたる「C　読むこと」には、「登場人物の変化に場面の移り変わりと結びつけて具体的に想像する」とある。この資質・能力の育成には適した教材であると考える。場面ごとに異なる登場人物の心情、行動の変化を読み取り、話し合い、様々な読みをみんなで味わいたいと考える。

※参考文献　斎藤隆介「『モチモチの木』に添えて」「モチモチの木」岩崎書店1971 P32（←参考文献等あれば記述する）

（2）児童の実態

児童の実態は、国語を学ぶ子どもたちの実態、国語科の学びの履歴について書く。そして、こうした実態の子どもたちにどのような言葉の力を育みたいのか、その言葉の力を育むためにどのような学びをデザインするのか、教師としての考え、ねがいを書く。

物語を好んで読む子どもは多い（←児童の実態）。3年生の物語文では、『きつつきの商売』、『ちいちゃんのかげおくり』、『三年とうげ』を読んできている（←教材と関連する学びの履歴を記述する）。並行読書として、斎藤隆介の作品『ベロ出しチョンマ』、『花さき山』、『八郎』、『ソメ子とオニ』などの作品を教室に配置している。休み時間や雨の日は多くの児童が手にして読んでいる。しかし、物語の読みとり、登場人物の気持ちの読みとりになると、思いつきで発言したり、場面の背景を考えないまま

に発言したりするなど、叙述に基づかない浅い読みをする子どもたちもいる（←今の子どもたちの読みとりの課題などについて記入）。こうした読みの実態を踏まえて、登場人物の気持ちを読みとる際には、物語の背景や、場面の背景など、叙述をもとに捉え、深い読みにつながるように、指導していきたい。そのために、自分の読みの根拠を叙述から説明するなど、自分の読みの根拠を説明できることを意識させたい。また、互いの読みを交流するなど、様々な読みと出会わせ、他者の読みと自分の読みを比べたり、重ね合わせたりしながら、読み進めるように工夫して指導したい。

（3）指導観

指導観は、教師としてのこの単元における学びのねがい、どのような力をつけたいのか、どのような資質・能力を育みたいのか、教師のねがいと、それを実現させるための教師の手立てや指導方法について書く。

国語の育む「資質・能力」にある「思考力、判断力、表現力等」・「登場人物の変化に場面の移り変わりと結びつけて具体的に想像する」ために、具体的にその場面の状況や様子を想像させたり、場面ごとに丁寧に登場人物の心情を読み取ったりしていく必要がある。登場人物の気持ちは一つでない、異なる登場人物の心情、行動の変化を読み取り、話し合い、様々な読みをみんなで味わいたいと考える。また、同じく「第３学年・第４学年」の育む「思考力、判断力、表現力等」にあたる「Ｃ　読むこと」「登場人物の行動や気持ちなどについて叙述を基に捉えること」とあるように、叙述をもとにして捉えるために、自分の考えの根拠をきちんともつことを指導するなど、話し合い活動やノートの自分の考えの記述の際には、叙述をもとに捉えることを常に意識させ、この資質・能力の獲得を目指したい。

５．単元計画（全11時間／本時　９時間目）

	学習内容　（全11時間）	
１次	（１）はじめの感想を書く・知りたい言葉を辞書で調べる　（１時間） （２）登場人物について考える　（１時間） （３）①の場面（おくびょう豆太）について考える　（１時間） （４）②の場面（やい、木ぃ）について考える　（１時間） （５）③の場面（霜月二十日のばん）について考える　（１時間） （６）④の場面（豆太は見た）について考える　（２時間） ・豆太の気持ちについて話し合う （７）⑤の場面（弱虫でも、やさしけりゃ）について考える。　（２時間） 【本時】 ・豆太は「弱虫」？　「勇気のある子ども」？　なのか、話し合う。（１／２）	並行読書
２次	作者の言う「人間の素晴らしい行動の底には、やさしさこそが金の発動機になっている」について話し合う。 ・「やさしさ」とは何か　（２時間）	

６．本時の学習について

（１）本時のねらい

医者様を呼びに行く豆太の気持ちについて、叙述をもとに考え、友だちのいろいろな考えをよく聞き、自分の考えをもつことができる。

（2）本時の展開

主な学習活動	指導の留意点　★評価
1．場面音読	○本時の場面の確認を行う。
2．本時の課題について確認する。 医者さまを呼びに行く豆太の気持ちについて考えよう。	○本時の課題を確認する。
3．自分の考えをノートに書く。	○机間指導する。
4．考えについて話し合う。	★叙述をもとにして考えを書くことができる。 ○感じたことや疑問に思ったことを発表し合う。 ・自分の読みが揺さぶられるように、できるだけ多くの多様な意見や読みを交流したい。 ・登場人物の気持ちは一つではないことに気づかせたい。 ・自分と異なる読みについて気づかせたい。 ★他者の考えをよく聞き、自分の考えを見つめ直したり、新たな考えをもったりできる。
5．今日の授業の振り返りを書く。 ・今日、考えたことを振り返って、ノートに書く。	○机間指導する。 ★自分の読みについて見つめ直したり、問い直したりできる。

（3）評価について

関心・意欲・態度	話すこと・聞くこと	書くこと	読むこと
課題について考え、話し合いに参加し、周りの友だちの考えを聞き、話し合いの場をともにつくろうとしている。	相手に伝わるように、理由や事例などをあげながら、話の中心が明確になるように話すことができる。	自分の考えを相手にわかりやすく書くことができる。	文章を読んで感じたことや考えたことを共有し、一人ひとりの感じ方などに違いがあることに気づく。

（4）板書計画

今日の学習

医者さまをよびに行く豆太の気持ちについて考えよう。

教科書　百十ページ
豆太は、子犬みたいに体を丸めて、表戸を体でふっとばして走りだした。
ねまきのまんま。はだしで。半道もあるふもとの村まで―。

[自分の考え]（ノートに書く。）

[みんなの考え]
○○さん……………
○○さん……………
↓質問　○○さん……………
○○さん……………
↓意見　○○さん……………
○○さん……………
↓意見　○○さん……………

[みんなの考えを聞いてからの自分の考え]

[ふりかえり・今日、考えたこと]

（四）子どもと寄り添う授業デザイン

授業デザインするためには、子どもを見る、育成を目指す資質・能力、学習指導要領を知る、教材を研究する、こうした視点が重要であることを述べてきた。

子どもを見る。それは、日々の教育実践の積み重ねから見えてくるものでもある。国語科という教科に限らず、様々な場面で見せる子どものまなざし、興味や関心、喜び、ねがい、そうした子どもの姿を教師がしっかり受けとめ、見取り、授業デザインは生まれてくるのである。授業デザインは、子どもの学びにいつも寄り添うものだといってもよい。こうした授業デザインの教師の技は、一朝一夕で獲得できるものではない。学びの専門家としての教師という言葉があるように、教師は、常に子どもから、教材から学ぶ必要がある。教師が学ぶことは、学ぶことから育まれる子どもの見取りの幅にもつながり、子どもたちに寄り添う授業デザインを生み出せる資質を育んでくれるはずである。

注1　藤岡完治「授業をデザインする」浅田匡・生田孝至・藤岡完治編著『成長する教師―教師学への誘い』金子書房、一一頁、一九九八

注2　澤本和子「国語科教材研究の新構想　循環・発展する教材研究方法の開発」国語教育実践理論研究会『新提案　教材再研究―循環し発展する教材研究』東洋館出版社、六頁、二〇一一

コラム　板書は何のため？

パソコンのプロジェクター、電子黒板を利用する学習も増え、黒板がスクリーン代わりになったり、出来上がったカードを貼るためのボードになったりすることも多い。「いっしょに書きながら考える」という活動が減ってきているのだろう。

板書は、「集団でものごとを考える場」であると学んできた。板書本来の機能は、視覚に訴えて考えさせたり、理解させたりするはたらきである。

学習者の主体的学びが求められている。今している学習が、何のためなのか、どのような力につながるのかがわかること、みんなで考えて、自分の考えを深めていくことが、主体的に学びに向かう力につながる。みんなで考える場は、話し合い活動の中にあることが多い。その話し言葉のやり取りを、板書という形に整理して、思考の根拠をつくることが大事になる。板書をもとに、子どもの思考を活発にし、みんなで深めていくことが板書の一番の目的である。その土台として、ノート指導とも併せて「書く力」をつける大事な学習の道具でもある。そのために、

・板書内容が、学習者皆のわかる位置にあること。
・字を書く模範を黒板で示すこと（発達段階に応じた言葉の選び方、用語、文字の正確さ。筆順、読みやすい大きさ、字形には留意する）。

では、具体的な板書例をあげてみたい。

○学習のめあてと追求内容がわかりやすく書いてあるか。
○学習者の考えが整理され、わかりやすく書いてあるか。
・子どもの考えの根拠を書き、共通点や相違点を線でつなぐ。
○視覚的に整理されているか。
・説明文で内容を図で表し、短い言葉でまとめる。写真も活用する。色分けや文字の大きさも工夫する。

国語教室の中で、子どもたちの言葉は文章との対話、仲間との対話を通して磨かれ、育っていく。板書は主体的学習を促す一つの学習の姿と捉え、学級の実態に合わせた板書計画をすることが必要となる。

段落ごとに中心になる言葉を選び、文章の全体が見えるようにする（三年生）。

第七章　話すこと・聞くことの学習指導

一　平成二九年版小学校学習指導要領における「話すこと・聞くこと」

(一)「伝え合う力」の継承と双方向的コミュニケーション能力の育成

平成一〇年の学習指導要領改訂で新たに提起された「伝え合う力」の育成は、平成二〇年版に受け継がれ、各学校では、双方向的コミュニケーション能力の育成を目標に音声言語指導が重ねられてきた。平成二九年の改訂で、教科目標が二十年ぶりに書き改められたが、「伝え合う力」という文言は教科目標の(2)にそのまま残っている。また、内容の構成も「知識及び技能」と「思考力、判断力、表現力等」に大別しての提示に変更されたが、「話すこと・聞くこと」の指導において、モノローグ的な一方的な伝達、あるいは受動的に聞くこと（これらの力も時に必要とはなるが）以上にダイアローグを重視するという方向性は揺るがない。

まさにそれは時代の要請にかなうものであり、「人工知能（ＡＩ）の飛躍的進化」の中での人の役割を思うとき、関係調整能力としての「伝え合う力」の重要性はさらに増しつつあるといえよう。ＡＩにできることはこれからどんどんＡＩにとって代わられ、近い将来多くの職業が姿を消すといわれている。そのような中で生き残る職業とは、どのような職業か。それは、「伝え合う力」を駆使し、人と人との関係を調整し、人と人とをつなぐ仕事であるはずである。「伝え合う力」は、これからの時代を生き抜くために不可欠な「生きる力」に他ならない。

ここで、小学校で培うべき「伝え合う力」を明確にするために、中学校の教科目標と比較しておく。

(2)　日常生活における人との関わりの中で伝え合う力を高め、思考力や想像力を養う。（小学校）（傍線＝筆者。以下の引用についても同様）

(2)　社会生活における人との関わりの中で伝え合う力を高め、思考力や想像力を養う。（中学校）

平成二九年版学習指導要領では、社会参画につながる学びが企図されており、中学校の目標の「社会生活における人との関わりの中で」という文言には、「伝え合う力」が、教室という閉ざされた仲間内の集団の中でしか通用しないものではなく、多様な他者に囲まれた「社会生活」の中で機能するものでなければならないことが示されている。これは、平成二〇年版の目標にはなかった事柄である。小学校では、その前段として「日常生活」での「伝え合う力」の育成が掲げられている。

小学校で学ぶ学習者にとっての日常生活の大半は、家庭と学校で営まれており、当然、これらを主な「場」としたコミュニケーション能力の育成が目指されることとなる。しかし、その先には、「社会生活」が見据えられていることが重要で、とりわけ高学年の指導ではこれを意識しておく必要がある。また、低学年では、学校は日常生活の場であると同時に、身近な社会でもあることを踏まえ、日常的な場面や話題・題材での学習を行う中で社会性の基盤を身につけさせることを意識して指導にあたりたい。

（二）　情意への着目

「伝え合う力」の育成にあたっては、「通じあう」[注1]関係の構築、そのための感性的あるいは情意的な力を含んだコミュニケーション能力の涵養にも目を向ける必要がある。平成二九年版学習指導要領でもこの点への目配りがなされており、第1学年及び第2学年の「A　話すこと・聞くこと」の指導事項オは、平成二〇年版では「互いの話を集中して聞き、話題に沿って話し合うこと」とあったものが、次のように書き改められた。

互いの話に関心をもち、相手の発言を受けて話をつなぐこと。

ここに示された「関心をも」つという情意を育て、「話をつなぐ」ための思考力、判断力、表現力等を培うことはきわめて重要である。この点について「小学校学習指導要領解説　国語編」は次のように記している。

互いの話に関心をもち、相手の発言を受けて話をつなぐとは、互いの話に関心をもって聞き、話の内容を理解した上で話題に沿って話したり、再び聞いたりすることである。**相手の発言を受けて話をつなぐために**は、例えば、相手の発言を聞いて、質問する、復唱して確かめる、共感を示す、感想を言うことなどが考えられる。

互いの話に関心をもって話し合うためには、このような活動を通して、話がつながることの楽しさやよさを実感できるようにすることが大切であり、第3学年及び第4学年以降での話合いの素地となる。[注2]なおコミュニケーションにおける情意の重要性については、いくつかの研究を引きながら後述したい。

（三）　意識的行為としての「聞くこと」

また、第3学年及び第4学年の「A　話すこと・聞くこと」の指導事項エも、平成二〇年版と平成二九年版学習指導要領の相違が重要な意味をもつ。ここに両者を併記してみる。

話の中心に気を付けて聞き、質問をしたり感想を述べたりすること。（平成二〇年版）

必要なことを記録したり質問したりしながら聞き、話し手が伝えたいことや自分が聞きたいことの中心を捉え、自分の考えをもつこと。（平成二九年版）

平成二九年版学習指導要領が示すように、「話の中心」には話し手が「伝えたいこと」の中心と聞き手が「聞きたいこと」の中心がある。例えば、講演を聞く場合であれば、講演者の意図や思いを汲み取ろうとする聞き方がある一方で、講演の中から聞き手の興味・関心に沿う部分や聞き手にとって有益な部分をつかみとろうとする聞き方がある。また、双方向的な言葉のやり取りでは、聞き手は次の自分の発話を意識しながら、二つの聞き方のバランスをとり、より円滑で実り多いコミュニケーションを求めていくことになる。

（四）伝わりにくさを前提に、「見せること」「見ること」にも着目して

さらにまた、第5学年及び第6学年の「A　話すこと・聞くこと」には、ウとして次の事項が追加されている。

資料を活用するなどして、自分の考えが伝わるように表現を工夫すること。

「自分の考えが伝わるように」という文言に注意したい。ここにあるのは、「以心伝心」的な伝わって当然というコミュニケーション観ではなく、「伝わりにくい」ことを前提とし、だからこそ工夫や努力が必要だとするコミュニケーション観である。

これと同様に、第1学年及び第2学年イの「相手に応じて」が「相手に伝わるように」、第3学年及び第4学年イの「相手や目的に応じて」が「相手に伝わるように」に変更された。第1学年及び第2学年イについて、小

学校学習指導要領解説国語編は、「**相手に伝わるように**とは、聞き手を意識して、聞き手に伝わるかどうかを想像しながら話の構成を考えることである[注3]」と記している。人は成人も含めとかく自分中心に話しがちになる。早い段階から相手の側に立って自らの発話の有り様を見直し、改善する姿勢を培うことはきわめて重要である。

なお、資料は活字資料だけではなく、グラフや写真、図版、動画等も考えられる。立体物を提示することが効果的な場合もあろう。これらの資料の場合は、「聞かせる」―「聞く」、あるいは「読ませる」―「読む」の関係ではなく、「見せる」―「見る」という関係に立ったコミュニケーションが問われる。「見る」という領域は、まだ国語科に位置づけられていないが、この点も意識した指導が求められよう。

二　小学校における系統的指導と情意、「聞くこと」

（一）　村松賢一による系統化

学習指導要領の目標に示されている「伝え合う力」の系統的育成にあたっては、村松賢一の研究[注4]が参考になる。学習指導要領で、「話すこと」と「聞くこと」を独立させず、「話すこと・聞くこと」として提示する意味も、村松の示す「対話」という枠組みでみることでより明確に捉えられるはずである。

村松は、小学校低学年で育てるべき対話能力を「親和的対話能力」とし、この学年での情意目標に「対話の楽しさを知り、話し合うことに積極的になる」ことをあげる。前述のように平成二九年版学習指導要領には、第1学年及び第2学年の「A　話すこと・聞くこと」の指導事項オに、「互いの話に関心をもち」という文言が入れられたが、伝え合う力を高めるためには、関心をもたせ、楽しませながら、情意を育てることが入門期の第一の課題となる。

この「親和的対話能力」を基盤とし、中学年では「受容的対話能力」を育て、高学年では、「対論的対話能力」を身につけさせるという道筋が村松の示す双方向的コミュニケーション能力育成の系統である。中学年の情意目標として示されているのは「相手を受け入れ、自分を率直に語る」ことである。ここでは、共感的に聞き合う中での自己開示の大切さが示されている。聞くことの大切さと聞く力を高めることの必要性、その系統的指導については後述する。

高学年の情意目標として村松が示すのは、「対立することを恐れず、納得するまで議論しようとする」である。ここでは、「対立することを恐れ」ない情意の育成がポイントである。「みんな違ってみんないい」という趣旨の発言をする指導者は多い。確かに多様性や個性を認め合うことや、単一の正解のみを求めないことは大切である。しかし、その反面、指導者も学習者も、対立を恐れ、個々の発言に対してもう一歩踏み込むことができていない。「腫れ物に触る」ような気遣いが、学びの深化や、より高いコミュニケーション能力の育成を妨げてはいないだろうか。相手を尊重しつつも、疑問点や納得できない点については問い返すなり反論するなりしてより高次の考えを生み出す姿勢が求められるのではなかろうか。「みんな違ってみんないい」を乗り越える音声言語授業が求められているように思えてならない。

周知のように、日本人は、討論が下手だとしばしば指摘される。目上の者に対して率直に意見を伝えられなかったり、仲の良い友だちに反対することができなかったりということがままある。また、討論になれていないため、冷静なやり取りができず、感情的になってしまうことも少なくない。これを克服するためには、小・中学校の段階から「対立することを恐れず、納得するまで議論」する経験を重ねさせることは重要である。

なお、村松は、認知面および技能面の目標も示している。情意・認知・技能のそれぞれに目配りして目標を立て、授業を構築することの大切さはおさえておきたいが、本稿では、小学校段階での「話すこと・聞くこと」の指導における「情意」を育てることの大切さに鑑み、これに焦点を絞って述べた。

（二）ウィリアム・S・ハウエルと久米昭元の「感性のコミュニケーション」

コミュニケーションにおける情意を考える上では、ウィリアム・S・ハウエルと久米昭元の研究が示唆に富む。ハウエルらは、コミュニケーションにおける「エンパシー」の重要性を指摘し「エンパシーというのは人の気持ちを察する共感能力であり、人間が学習によって言語を身につけたのと同様に、エンパシーも人生におけるさまざまな経験から学習したり、訓練したりすることによって際限なく伸ばしてゆける能力である」とする。(注5) また、このような考えに立って、コミュニケーションを共同作業への参加ととらえるジョイント・ベンチャーモデルを提示する。(注6)「伝え合う力」の育成にあたって、一つの指針となるモデルである。

（三）多田孝志の「響感・イメージ力」

ハウエルらと同様にコミュニケーションにおける感性の重要性を唱える研究として、多田孝志の「響感・イメージ力」育成の提起をあげる。多田は、「響感・イメージ力」を「相手の伝えたいことに感応し、真意を洞察し、相手の立場や心情をイメージする力」、「自己中心の思考や感覚に固執するのではなく、人間同士として共感したり、相手の立場に立って考え、感じたりする力」だと言う。その上で「伝え合うだけでなく、通じ合い、さらに響き合い、創り合う活動」を組織することの重要性を指摘している。(注7)「伝え合う」ことのその先を考える上でも重要な問題提起である。

（四）「聞くこと」の指導

村松の考える系統的指導においても、「聞くこと」が重視されていた。多田も同様に、「聴く力」を重視する。(注8)しかし、我が国のこれまでの音声言語指導においては、「話すこと」に比して「聞くこと」の指導が立ち後れてきたことは論を俟《ま》たないだろう。昭和二六年版学習指導要領の能力表に示された指導系統が先駆的役割を担ってはきたが、ようやく一九九〇年代になって多くの提言がなされ、教育現場も「聞く力」の育成に本格的に動き出したといってよい。「聞くこと」にかかわる情意や技能を系統的に捉え、指導を重ねていくことは、きわめて重要である。章末に示すものは、筆者の作成した「聴くことの能力表（試案）」である。(注9)「伝え合う力を高める」という教科目標の達成のためには、「対話」の場を重視し、「聞く力」を意図的・計画的に育てていくことが求められる。なお、筆者は主体的・能動的にきくという意味で「聴く」と表記している。

（五）日常的・継続的指導と取り立て指導、国語科以外の場での指導

「話すこと・聞くこと」の学習指導計画立案と実際の指導にあたっては、日常的・継続的指導と取り立て指導の有機的関連を意識して、計画を立てる必要がある。日常的・継続的指導の起点は、授業における話し方・聞き方のルールづくりに置きたい。ルールを定めた上で、「書くこと」や「読むこと」の学習の中でも折にふれて「話すこと・聞くこと」の指導を行っていく。例えば、多様な解釈が可能な文学作品の授業では、他者の様々な発言を聞き分ける力、自分の考えや思いを根拠を示して相手に伝える力等を培いたい。その上で、そのような日常的・継続的学びの中で見出される特に指導が必要と思われる事柄については、適切な教材を選び、指導方法や指導過程を工夫して取り立て指導を組織したい。国語科の授業以外の場での指導も大切である。

注1　西尾実は、『国語教育学の構想』（一九五一）において、言語を「現実的な生活の場に即して具体的にとらえる」ことの重要性にふれ、「それは、単なる個人的な表現活動でもなければ、個人的な理解活動でもない。もっともっと社会的な相互作用である。別言すれば、それは相手との通じあいである。英語でいうコミュニケーションである」と述べている。『西尾実国語教育全集　四』教育出版、四三頁、一九七五

注2　文部科学省『小学校学習指導要領解説国語編』五九頁、二〇一七（ウェブ閲覧：二〇一七年一一月）

注3　前掲注2、五六頁

注4　村松賢一『対話能力を育む話すこと・聞くことの学習―理論と実践―』明治図書出版、八六～一五五頁、二〇〇一

注5　ウィリアム・S・ハウエル、久米昭元『感性のコミュニケーション―対人融和のダイナミズムを探る―』大修館書店、一一～一二頁、一九九二

注6　前掲注5、一二～二〇頁

注7　多田孝志『授業で育てる対話力　グローバル時代の「対話型授業」の創造』教育出版、八六頁、二〇一一

注8　多田孝志『対話力を育てる　「共創型対話」が拓く地球時代のコミュニケーション』教育出版、六八～八四頁、二〇〇六

注9　植西浩一『聴くことと対話の学習指導論』溪水社、四四頁、二〇一五

参考資料　聴くことの能力表（試案）

学年＼能力	幼稚園	小学校 低	小学校 中	小学校 高	中学校 前	中学校 後	高等学校	出典※
［関心・意欲・態度］								
1　仲間に入って聴く。	○	○						①②
2　話の終わりまで聴く。	○	○						②③
3　相手の顔を見て、集中して聴く。	○	○						①②③④⑤
4　興味をもって聴く。	○	○	○					①　③
5　準備を整えて聴く。		○	○					①
6　話し手を尊重して素直に聴く。			○	○				①②　④⑤
7　批判的に聴く。				○	○	○	○	①②③④⑤
8　話のしかたに関心をもって聴く。					○	○	○	
9　自分の聴き方を振り返りながら聴く。						○	○	⑤
［技能］								
10　話に反応しながら聴く。	○	○						①　④
11　イメージをふくらませながら聴く。	○	○	○					
12　話の筋道をたどりながら聴く。		○	○					①②　⑤
13　なまりや方言を聴き分ける。		○	○					③
14　話を聴いて、感想や意見をもつ。		○	○					①
15　自分の経験や考えと比べながら聴く。		○	○	○				①
16　音声以外の情報にも注意しながら聴く。		○	○	○				
17　疑問点や問題点を確認しながら聴く。			○	○				①
18　話の目的や話し手の立場を考えて聴く。			○	○	○			②③④⑤
19　要点をまとめながら聴く。			○	○	○			①②③　⑤
20　事実と意見を聴き分ける。			○	○	○			④⑤
21　必要な情報を選択して聴く。			○	○	○	○		
22　メモを取りながら聴く。			○	○	○	○		①②③④
23　話し方のよしあしを判断しながら聴く。				○	○			①　③
24　中心部分と付加的部分を聴き分ける。				○	○			②
25　複数の意見の異同を聴き分ける。				○	○	○		②
26　話の内容をすばやく理解する。				○	○	○		①　③
27　自分の考えをまとめながら聴く。				○	○	○		①②
28　話の展開を予想しながら聴く。				○	○	○		
29　話の主題や相手の真意を考えながら聴く。				○	○	○	○	①②　⑤
30　話し手の意見の根拠を吟味しつつ聴く。				○	○	○	○	①②　④
31　話の構成を考えながら聴く。				○	○	○	○	
32　発言の機会を考えながら聴く。				○	○	○	○	①②③④
33　話の不十分なところを補いながら聴く。					○	○	○	②　④

※　①『昭和26年版小学校学習指導要領国語科編（試案）』、②『昭和26年版中学校高等学校学習指導要領国語科編（試案）』、③長野県上田市立南小学校『上田市立南小学校カリキュラム』（1950）、④「聞くことの学習指導の目標と指導技術」平井昌夫・佐野芳夫『国語の学習指導の技術』東洋館出版社（1953）、⑤「主要国語能力表　聞く力・話す力」輿水実『国語学力診断指導法体系』明治図書出版（1966）

コラム

授業外の言葉の育ち

C1：日曜日に、私の家の途中に坂があるんですけど、そこで火事がありました。私は初めて消防士さんが働いているところを見ました。
C2：燃えているところは見ましたか？
C3：消防士さんはどんな服をきてましたか？（中略）
C5：車はありましたか？
C1：一つありました。
C6：それ、一つじゃないよ。　T　：何て言ったらいい？
C7：車は一台。
C2：消防車が一台。

一年生の教室の、朝の一幕である。私の学校では、教室に椅子を円形に並べ、友だちの話に耳を傾ける「サークル対話」を行っている。子どもたちが発見や喜びを語り合い、安心して自分を表現する時間を大事にするために始めた方法だが、その子が生活を語ろうとする言葉には、聴き手にとっての学びが詰まっている。この日はC1（A子）が初めて火事を目撃した話を始めた。

質問は不足情報の確認から始まる。対話を通して内容を補ったり、表現を精査したりすることは、この時期の子どもたちに大事な言葉の学びとなる。

ここでは、「一つじゃない」という聴き手のつぶやきを教師が拾うことで、助数詞を知ったり、初めて見たA子に寄り添おうとしたりと、学びが広がっていく。

発表の後、拍手がパラパラと起きる。その拍手に対してB男が、「（火事は）大変なことだから、拍手することじゃない」と話した。これは先程のつぶやきとは質的に違う発話である。事実の確認や表し方の選択ではなく、事実の感じ方を言葉に表そうとしている。

ここで教師が「みんなはどう思う？」とB男の気づきを全体に広げることで、「ぼくはお話の説明がよかったから拍手する」「自分も火事に合うかもしれないから、考えたいから拍手する」というこれまではなかった発話が生み出されてくる。

A子の言葉は、多様な声が合わさることで、サークルに座る子どもたちにとっての意味をもったといえる。

教室と生活の垣根を低くすることで、自分を表現する喜びはもちろん、仲間の身体を通して経験を共有し、他者とともに言葉の意味を広げていくことができる。

他者の言葉に耳を傾けながら言葉を学ぶ楽しさを実感することは、今後の国語学習を支える大切な経験である。

コラム　子どもの言葉を取り上げる

言葉への感度を高め、立ち止まって考える子を育てるには、他者の表現を観察し、対話を通して自分の表現に取り入れていくことが近道になる。

ある日の授業で、二年生のB男が作文を書き上げた。算数プリントを題材にした作文なのだが、教師は一読して順序がわかりにくいと感じた。B男はこの作文をみんなに発表したいと言う。

この作文から「文の順序による伝わり方の違い」「話し言葉と書き言葉の違い」という教材性を見いだし、共同で推敲するための教材として扱うことにした。

③①　昨日、算数の時間にチャレンジ問題をやりました。かんたんだと思って（い）たけど、思ったよりむずかしかったです。
⑤　一回でできて、（とても）うれしいです。
⑥⑤　チャレンジ問題も楽しいので、みなさんもやってみてください。
④　工夫したところは、大きい数から入れたところです。（そうすると、ときやすいです。）
②　この問題は1～8までの数字を一つずつ入れて式をかんせいさせる問題です。

（※番号は推敲後の順序）

T1：最初はこの文でいい？　ほかに先に決められるところはあるかな？
C1：最後は「みなさんもやってみてください」で終わるといい。
T2：最初と最後が決まりました。じゃあ、二番目はどの文にしようか。今のままじゃダメ？
C2：ダメじゃないけど、1～8までの数字を入れてかんせいさせる問題というのが、前にあったほうがいい。
C3：問題が簡単だと思っていたけど難しかったは、つながってる。
C4：でも、最後の文（1～8までの数字）は、最後じゃないほうがいいから、もっと前にいったほうがいい。
C5：先にどんな問題かがわかったほうが、わかりやすい。
T3：最後の文をもっと前にしたほうがいいというのは、一緒だね。これを、二番目にする？　それとも、三番目にする？

子どもの作品を使う場合、T2のように教材価値に合わせて話題を焦点化する必要がある。T3は、意見の共通点を確認し、わかりやすさの選択をさせている。②の文が先にくるのが望ましいが、③が先にきてはいけないということではない。

子どもたちは、言葉に立ち止まり考える学びをくり返す中で、他者の言葉を自分の中に入れていく。子どもの言葉に合わせて、立ち止まり方を選んでいくのが、教師の役割といえる。

第八章　書くことの学習指導

一　作文課題の在り方―文章の種類をどう教えるか―

作文課題をどう設定するか。設定に際し、文章の種類をどう捉えるかを検討する必要がある。

文章の種類については、考え方が二つある。「文章には様々な種類があり、種類ごとに固有の特徴がある」という考え方と、「文章は一編一編が異なる状況で書かれるので種類分けは不可能である。百の状況があれば百の文章が生まれる」という考え方である（以下、前者の考え方を《文種あり》と呼び、後者の考え方を《文種なし》と呼ぶ）。《文種あり》の考え方に基づくと、例えば、報告文は過去形で書かれ推薦文は現在形で書かれるなどと、時制などの文章の特徴を文章の種類と対応させて示すことになる。したがって、指導をする際には、文章の種類とその特徴とを対応させて教えることになる。形から入るといってもよいだろう。《文種なし》の考え方に基づくと、その文章を書く目的、相手、条件、留意すべき点など、その文章を書く固有の状況をよく把握すれば自ずと文章の在り方は決ってくるということになる。したがって、指導では、状況をよく見極めさせて適切な表現を選ばせることが中心となる。この考え方に賛同する研究者や実践者は、文章の種類を固定したものとして教えることは、子どもたちに害を及ぼすと警告をしてきた(注1)。

平成二九年版学習指導要領は、どちらの考え方をもとにつくられているだろうか。どちらの考え方も取り入れている。《文種あり》の考え方に基づき、様々な種類の文章を書かせるように指示している。その一方で、「目的と相手に応じて」という指示がある。こちらは《文種なし》の考え方に基づいた指示である。《文種あり》を前提として示されている文章の種類としては、次のものがあげられている。〔第1学年及び第2学年〕（以下、〔低〕と示す）では、「身近なことや経験したことを報告したり、観察したことを記録したり」、「日記や手紙」「簡単な物語」である。〔第3学年及び第4学年〕（以下、〔中〕と示す）では、「行事の案内やお礼の文章を書くなど……手紙に書く」、「詩や物語をつくる」である。〔第5学年及び第6学年〕（以下、〔高〕と示す）では、「事象を説明したり意見を述べたりする」、「短歌や俳句をつくる」があげられている。一方、《文種なし》の考え方に基づいた記載としては、次のものがある。〔低〕では「伝えたいことを明確にする」、〔中〕では「相手や目的を意識して」、〔高〕では「目的や意図に応じて」と示されている。

では、実際の授業では、《文種あり》と《文種なし》の考え方は、どのように折り合いをつけたらよいであろうか。文章の種類が存在するという前提に立った授業をするならば、教師が文章の種類を「典型的な○○」であるという認識に立つことが大切である。文章の種類とその特徴とを一対一で関連付けてしまうと、形式的で表面的な評価に陥りやすくなるからである。「地図がないので案内文になっていません」、「現在形が入っているので報告文になっていません」などと形を中心に文章を評価することがないようにしたい。実際、世間では、「どの種類」と言い当てることのできない文章はいくらでもある。むしろ、きれいに分類できない類《たぐい》の文章が多いはずである。一方、文章の種類を言わずに文章を書かせる際には、書かせる状況をできるだけ具体的に示すことが肝要である。例えば、社会科見学を報告する新聞記事を書かせる場合、教室に新聞を貼って学級内で読み合うのか、学年の保護者にも配布するのかにより、取り上げる内容は大きく異なる。クラスの人同士で読み合う場合は、すでに多くの体験を共有しているが、保護者は見学そのものの様子を知らないからである。こうした状況を熟慮して書く内容を精選していくと、ある文章の種類が出来上がるのである。文章構成も、同様に、典型的な形はあると教えることはあっても、目的や相手をよく考慮して文章を構成させることになる。

平成二九年版学習指導要領では、子ども同士による評価活動が示されている。〔低〕「文章に対する感想を伝え合い」、〔中〕〔高〕「文章に対する感想や意見を伝え合い」という記述がある。文章の種類あるいは目的や相手が明確に設定されていると、子どもは文章を批判的に検討することができるようになる。「この事柄は、読む人は知らないのだからもっと詳しく説明する必要がある」、「この理由は、読んだ人には関係ないことだから別の理由の方がいい」などの反応は、文章の読み手が具体的に示されているから気づく事柄である。また、特定の文章技能を学習させた後に書かせた文章であるなら、その文章技能がその文章の種類あるいは状況に見合うものであるかという反応を伝え合わせることもできる。このように、作文課題を構想する段階ですでに評価の在り方も構想することが大切である。

益地憲一は、国語科全般についてであるが、指導と評価の一体化を次のように提唱する。(注2)

「学習者の意欲や主体的な学習活動の尊重ということを実現するには、（中略）一方で指導目標を生かしつつ、多様な学習者に対応することが求められる。こうした困難を克服するためには、指導と表裏一体になった過程の評価を積み重ねながら授業を展開していくしかない。」

益地が主張する「指導と表裏一体になった過程の評価を積み重ねる」授業とは、作文授業では、まさに、与える作文課題や技能と評価項目との一体化である。

二　言語化する——言葉と思考の関係——

小学生はまだ語彙が豊富でないため、文章を書かせる際には、経験や物事を言語化する指導を時間をかけて行いたい。その際に、言葉と思考・認識はどのような関係と捉えるべきだろうか。

文章を書く際に、私たちは、考えた内容や感じた内容をそのまま言葉に翻訳すればよいと考えるものである。つまり、思考・認識が先で、そこから言葉が生まれると考える。しかし、そうではないと提唱した人々が登場した。哲学でいう「言語論的転回」である。「言語論的転回」とは、十九世紀末から二十世紀にかけて起きた哲学のパラダイム転換で、言葉によって世界が構築されるとみなす考え方が主流となった転換を指す。以降は、言葉によって世界あるいは現実が構築されるのであれば、言葉が異なるとき現実も違ってくると考えられるようになった。

提唱者の一人、ウィトゲンシュタイン（Ludwig Wittgenstein, 1889–1951）は、「思考は本質的に記号を操作する活動である」と述べた。(注3)「記号」とは「言葉」である。つまり、私たちは、言葉を操作することによって思考をしているのであり、したがって言葉を操作できる範囲内で思考をしていることになる。言葉を操作できる範囲内でしか思考ができないということにもなる。

言葉を使うという行為を通して考えたり感じたりするのであるならば、子どもがたくさんの言葉を知っているということは重要である。例えば、「赤」という言葉しか知らない子どもは、三十六色の色鉛筆セットに「赤」

がたくさんあると認識するであろう。しかし、「あかね色」「朱色」「えんじ色」という言葉を知っている子どもはそれらがそれぞれに異なる色であると認識するであろう。目のよい子どもが細かく識別できるのではない。別の例をあげると、「ただし」という言葉を知る子どもは、条件付きや補足の概念が理解でき発信できる子どもである。「悔しい」という言葉を知って初めて、ゲームに負けたときの何ともいえない気持ちをかかえた自分に気づくということも起きる。このように、言葉を知ってこそ、思考・認識が生まれるのである。

語彙の豊かさは、したがって、優れた表現を生むというレベルに留まらず、優れた内容を生み出すことにつながる。これまで使ったことのない言葉を使って書くことで、新しい考えや認識が生まれるのである。書くことが、読むことと太いつながりをもっているのは、一つにはこの点にある。

また、「言語論的転回」の考え方に沿えば、文章を検討することは考えを検討することにほかならない。例えば、文章の鍵となる語句を検討することによって考えをより明確にすることができる。次の、子どもが書いた文章を例にしよう。鍵となる語句が途中ですり替わっている。

> 用具係りをつくったほうがよい理由は、三つあります。一つは、ボールの取り合いにならないように、用具係りが使う人の順番を決めるとこうへいになるからです。二つ目は、古くなったなわとびなどがあぶないから、取り替えたりしてほしいからです。三つ目は、戸だながらんざつになっているので、片付けができます。このような仕事を用具係りはします。

この文章では、「用具係りをつくったほうがよい理由」をあげると予告したものの、数え上げの後は「このような仕事を用具係りはします」と結んでいる。数え上げたのが「理由」なのか「仕事内容」なのか、子ども自身が自覚しないまま書き進めてしまったのである。ここで「〈予告〉と〈結び〉で使う語句を統一させる」指導をしたとしたら、子どもは、自分が「用具係りが必要である理由を述べる文章」にしたいのか、「用具係りの仕事内容を提案する文章」にしたいのかを考えることになる。つまり、「語句のぶれ」という文章の在り方を検討させることによって、考えの中身を検討させることになるのである。文章の在り方をこのように検討させ、考えをより確かにさせることができるのである。よくない文章だから書き直すのではなく、どんな文章も検討を重ねて、どんどんよくしていけると教えることは大切である。

三　語句の選択―意味の取り方が人によって異なる―

言葉にはそれぞれ意味があり、その意味も、人によって異なる範囲で受け取られているという前提をあらかじめ指導しておくとよい。例えば、次のような指導を展開することができる。花子さんが「きょう夕方、遊ぼう」と言ったとする。「夕方」とはいつを指しているのだろうか。花子さんの誘いを聞いた真理子さんは「夕方というから遅い時間だろう、五時くらいかな」と思った。太郎さんは、「六年生の授業が終ったら校庭が開放されるから、二時半くらいからだろう」と思った。みよ子さんは「冬は日が短いのだから四時くらいから遊ぼうという意味だ」と思った。このように、「夕方」という言葉は人によって受け取り方が異なるのだ、と気づかせることができる。日頃、何気なく使っている言葉にはそれぞれ意味があり、人が頭に浮かべる意味の範囲も少しずつ異なるのだということは、子どもでも理解できるだろう。だから、言葉は注意深く選んで使わないと意図が思った通りに伝わらないのだと、共有しておくとよい。

できるだけ自分の意図をその通りに人が受け取ってくれるように言葉を選ぶ。もし他の意味に取られそうならば、意味を断る。あるいは説明する。わかるように書く。こうした工夫ができるのだと指導しておくことで、どのような文章に対しても子どもたちが注意深く言葉を使うようになるだろう。

この指導を繰り返すことは、文章を書く際の相手意識を育てることにもなる。よりよい文章を書くとは、読み手がどのように読むかをどれくらい意識して書けるかだからである。どのような語彙選択も、読み手の目線で行えるようになってこそ、よく伝わる文章が書けるのである。

四　思考力の育成―螺旋状に、可視化して―

平成二九年版学習指導要領では、「思考力」の育成が強調されている。「B　書くこと」で、思考にかかわる記述を拾うと次のようなものがある。思考の種類を表していると読める語句を【　】で囲んで示す。

構成
(1)イ【事柄の順序に沿って】〔低〕
(1)イ【内容の中心】【内容のまとまりで段落】【段落相互の関係に注意して】〔中〕
(1)イ【文章全体の構成や展開を考える】〔高〕
書き表し方の工夫
(1)ウ【語と語や文と文との続き方に注意】【内容のまとまりが分かるように】〔低〕
(1)ア【比較したり分類したり】〔中〕
(1)ウ【考えとそれを支える理由や事例との関係を明確に】〔中〕
(1)ア【分類したり関係付けたり】〔高〕
(1)ウ【簡単に書いたり詳しく書いたり】【事実と感想、意見とを区別して】〔高〕
(1)エ【引用したり】【図表やグラフなどを用いたり】〔高〕

構成では、「順序に沿う→内容の中心とまとまり、段落相互の関係→全体の構成」という系統が示されている。書き表し方の工夫では、低学年で「接続」、「内容のまとまり」、中学年で「比較」、「分類」、「主張と理由、主張と事例の関係」、高学年で「分類」、「関係付け」、「詳しさの調節」、「事実と感想、意見の区別」、「引用」、「図表」があげられている。

これら思考にかかわる項目は、書くことばかりでなく、すべての領域においてもかかわる。一般にいえることは、同一の思考が、まず読むことの領域で理解され、次に、話すこと・聞くことや書くことで使えるようになる、という段階を踏むという点である。例えば、中学年で登場する「比較」は、読むことの単元の中で、対象を比較している教材文を通して思考の枠組みを理解させる。それから話すこと・聞くことや書くことの活動をすると、無理なく進められるであろう。

また、思考の一つの項目は、該当する学年で単独に取り上げるのではなく、螺旋状に繰り返し学習させることが望ましい。例えば、低学年の「語と語や文と文との【続き方】に注意」という項目は、高学年まで難易度を上げながら継続的に指導すべき内容である。同じ【続き方】であっても、低学年では「それで」「その上」などの順接や「けれども」「ところが」などの逆接を扱う。しかし、中学年では「だから」「たとえば」、高学年では「ただし」「ようするに」などと難易度の高い接続表現を指導することになる。【分類】も、まず「分ける」ことができたら、次には分類されたグループごとに名前を付けるという活動をする。上位概念を付す活動は、語句の抽象度を上げる、より難易度の高い思考である。

思考にかかわる指導で工夫できる点は、可視化である。例えば、【続き方】はフローチャートで、【分類】は系統図や表で可視化できる。【比較】はベン図や表で可視化できる。ほかには、循環図や階層なども小学生には理解できるであろう。図表で可視化する作業は、子ども自身の理解が確かになるばかりでなく、グループやクラス全体が協働して学ぶことを可能にする。

五　資料を参照して書く―引用して地の文と区別する―

近年、企業や大学で、「知的所有権を守る書き方」が強くいわれるようになっている。資料を参照して書く文章において、他者の書いた文章をどのように書き表すかが問題とされているのである。平成二九年版学習指導要領の項目としては、主に高学年にある次の項目が関係する。

(1)ウ　目的や意図に応じて……【事実と感想、意見とを区別】して書いたりするなど、自分の考えが伝わるように書き表し方を工夫すること。〔高〕
(1)エ　【引用したり】、【図表やグラフなどを用いたり】して、自分の考えが伝わるように書き表し方を工夫すること。〔高〕

ポイントは、使った資料の文章を書き写したら必ず引用させる指導である。引用とは、書き写した部分を「　」で囲み、元の資料を明示する手続きである。図鑑も辞書も年鑑も新聞記事も、誰かが書いたものであるという意識をもたせることが必要である。本の後ろ（奥付）には、著者、発行年、発行した出版社が記されていることを授業で取り上げる。その上で、こうした資料の一つひとつには、先人たちの英知が詰まっていること、だからその一部を拝借して使わせてもらう際には、使わせてもらった内容を尊重する必要があると指導する。著者、題名、発行年と出版社に加え、書き写した箇所がどの頁からのものであるかも本文中に明記させる。

資料からの引用は、いわゆる調べ学習ばかりでなく、意見を述べる文章で理由をあげる際に証拠となると指導するとよい。資料をもって証拠をあげると文章の説得力が増す。

引用する習慣は、二年生や三年生でも付けさせることができる。この習慣は、中学校、高校でも生きるはずであり、また、ますます発達するＩＴ社会においては必須の文章技術である。

注1　佐渡島紗織「文章表現指導における文種の取り扱い―アメリカにおける論争に学ぶ―」『国語科教育』五四巻、二七～三四頁、二〇〇三

注2　益地憲一『国語科指導と評価の探究』渓水社、一二四～一二五頁、二〇〇二

注3　黒岩宏訳・解説『「論考」「青色本」読解』産業図書、一一頁、二〇〇一

コラム　日常の書くことで育てる

一　伝えるために書く―絵だよりの取り組み

日記を継続的に書くには、エネルギーがいる。一人で書く日記が続くときというのは、そこに想定した相手がいるときではないだろうか。アンネ・フランクが日記にキティと名付け、話しかけるように書いていたように。絵だよりは、絵と文章で綴られる、身近な相手へ宛てた日記である。受け取った教師や家族は、その絵だより帳に短くてよいので返事を書く。

書く事柄と誰に対して書くかを自分で決めることで、その相手にわかるように記述しようという気持ちが子どもたちに芽生える。例えば、担任教師に対して書こうと「〇〇先生へ」と宛名を書くと、家族で行った公園で遊んだ珍しい遊具について説明が必要だと自然に気づく。「ウォーターボールで遊びました。ウォーターボールとは、大きな透明のボールの中に自分が入って、水の上を歩くように移動できる遊びです」という記述に、ウォーターボールに自分が入って遊んでいる絵が添えられる。

二　学びを自分のものにするために書く―振り返り

教師が一生懸命に準備をして、発問を練り、教材を用意して学習に臨んでも、それが最終的に子どもたちの心に残り、力になっていなくては、よい学習だったとはいえない。学習の振り返りを続けることは、学習が子どもたち自身のものになるために大事なことの一つである。

毎時の学習の最後の数分を振り返りのために使う。書く場所は、その日のノートの終わりの一、二行ほどである。振り返りには、子ども自身がこの時間の学習でわかったこと、思ったこと、疑問に思ったことなどを書く。短い時間であってもペアや全体で共有した後、提出する。教師は、次時までにそれに目を通し、次時の最初に紹介したり、次の展開に活かしたりして学習に取り込んでいく。初めのうちは、「楽しかったです」「いろいろわかりました」といった漠然とした記述かもしれない。しかし、具体的に書いている他の子どもの振り返りを紹介するうちに、「アレクサンダはどうして走ったのだろう」という新たな問いが生まれたり、「わたしは何かを発想するときに、自然のものをまず思いつくのだということがわかりました」という自分への新たな気づきが記述されたりするようになる。この、子ども自身が自分の言葉で書いた事柄こそが、その子のこの時間の本当の学びなのである。振り返りとして言葉にすることが、子ども自身が自分の学びを自覚することにつながっている。

三　書くことで考える子どもに

その他、作文やスピーチのメモをグループで推敲する際に、各々が付箋によかったことや気づいたことを書いて伝え合うなど、書くために書く、話すために書くといった活動も蓄積していくことで大きな力になっていく。国語科の時間以外でも、一日を振り返って連絡帳に一言書くなど、書くことで考えることが当たり前の子どもを育てたい。

第九章　読むこと（文学）の学習指導

一　読むことの学習指導における文学の位置づけ

（一）文学を読むことの授業のねらい

読むことの学習指導は、読む対象の文章の種類によって二つに大別される。名付け方には様々な立場があるが、小学校の場合は文学と説明文と呼ばれることが多い。本章で対象にするのは文学である。文学という広い概念の中に、文章の形態によって詩などの韻文、童話、物語、小説などが含まれる。

文学を読むことの授業のねらいは、言語能力を育てる面と人間形成の面との双方から語られてきた。前者は、読むことによって、言葉による想像力を膨らませ、語彙の深化や拡充が実現されるという立場である。後者は、文学のもつ機能として感性や情緒に働きかけることを重視し、感じたことや考えたことを深く掘り下げるという立場である。自らの言葉の力を耕すという面で両者は相互にかかわっている。

人間形成の側面から学習者の問題意識を掘り起こすことに比重をおいた実践として、荒木繁の「民族教育としての古典教育(注1)」をあげておきたい。荒木は何ら注釈を加えないで万葉集等の歌を高校生と読み、高校生が選ぶ歌や歌人について教室で討論を行った。「防人の歌」について、民衆の抵抗が議論になったことが報告されている。この実践はそれまでの解釈学的な授業を脱して、学習者がどう読むかを中心に据えた授業への契機となったと位置づけられる。

文学を読むことの授業づくりでは、文学の文章の特徴や機能を生かして、文章が学習者に働きかけるところを見極め、ねらいや内容・方法を定める。状況や背景の中で人物同士の関係がいかに語られ、それが学習者自身にどのような認識をもたらすのかをじっくり考えて授業を構想したい。

（二）　資質・能力を育てる観点から

平成二九年三月の学習指導要領改訂で、児童生徒に育てたい資質・能力が「知識及び技能」「思考力、判断力、表現力等」「学びに向かう力・人間性等」の三つの観点から示された。国語科において「読むことの領域」は「思考力、判断力、表現力等」に位置づけられた。例えば第3・4学年の「思考力、判断力、表現力等」にかかわる目標は「(2)筋道立てて考える力や豊かに感じたり想像したりする力を養い、日常生活における人との関わりの中で伝え合う力を高め、自分の思いや考えをまとめることができるようにする（傍線筆者）」とされている。傍線部に示したような、想像する力や思考の力は、理解する働きと合わせて大事にされている。すでに述べたように文学が児童生徒の人間形成に深くかかわると考えたとき、資質・能力との関連は今後ますます重視されるべきであろう。

二　文学の授業づくり

(一)　文学の授業のための教材研究

授業のために対象となる文章を分析的に読み、教材の価値、指導目標、指導内容等を導き出すことを教材研究という。教材研究には従来から大きく分けて素材的研究と指導的研究の二つの側面があるとされてきた。本章では、この二つに加えて、授業の振り返りの段階で次の授業サイクルを生み出す省察的研究を位置づける。文学の授業の教材研究を整理したのが表9-1である。

素材的研究では、まずは教師が一人の読者として読後感をもち、作品の魅力や価値を自らつかもうとすることが大事である。文学研究者が作品そのものの分析にあたる姿勢も併せもちたい。その上で授業者として、目の前の学習者にどのような学習指導を行うのかを考える。実際の学習指導においては、素材的研究と指導的研究は同時並行的に行われることも多い。三つ目の側面としての省察的研究では、学習者の学びを振り返り、教材の読み方、学習指導の内容や方法の適切さを考察する。

(二)　教材研究から授業へ──『モチモチの木』を事例に──

三年生『モチモチの木』を取り上げ、特に表9-1の【素材的研究】①・②・③・④の観点、【指導的研究】②・③・④の観点から教材の価値を導き出し、授業づくりまでの道筋を述べる。

表9-1　文学の授業の教材研究

教材研究の側面	指導者の主たる立場	教材研究の目的・内容
【素材的研究】	読者（文学研究者）	①読後感をもち、読後感のもとになる読者側の経験や文章中の叙述を意識化する。 ②物語内容（登場人物、状況、ストーリー、プロット等）を明らかにする。 ③言語表現の特徴（構造、文体、語り、視点等）を明らかにする。 ④作品の魅力や価値をつかむ。
【指導的研究】	授業者（実践研究者）	①学習者の読み（感想が集中する部分、共感するところ、つまずき等）を予想する。 ②物語内容（登場人物、あらすじ、場面のつながり等）を明らかにする。 ③言語表現の特徴（重要語句や難語句、場面展開、語り、視点等）を明らかにする。 ④学習者の発達の段階や現状に応じた目標や学習内容を設定する。 ⑤学習内容を実現するための学習方法を想定し学習計画を立てる。
【省察的研究】	反省的実践者	①学習者の学びと授業内容や方法を関連付けて振り返り評価する。 ②振り返りを踏まえて素材的研究、指導的研究双方を見直し、次の授業設計を行う。

(1)　『モチモチの木』の読後感から物語内容・言語表現の分析へ（【素材的研究】①・②・③・④）

①　読後感

一読者としての読後感を大事にすることは、文学の授業の根本である。なにか感じるという作用を意識することは重要で「その反応はなぜか」と深く切り込んでいくことにつながる。『モチモチの木』の読後感の中心は読者によってちがうだろうが、豆太が見た「山の神様の祭り」の美しさをあげる者は多いのではないだろうか。少し踏み込んで考えれば、じさまが言う「勇気のある子どもだけ」が見ることのできる灯を豆太は見たのである。

②　物語内容─登場人物、ストーリー、プロット─

次に物語内容の分析に入る。文学を構成する要素として、まずは登場人物とストーリー（あらすじ）がある。そしてストーリーを成立させている因果関係をプロットと呼ぶ。単純に整理するとストーリーは「だれがどうした」で表される出来事の連なり、プロットは「なぜそうなったか」で表される出来事同士の連関である。ここでは、登場人物と、主に小見出しで表されたストーリー（あらすじ）を絡めて読み、因果関係につなげて考えることにする。

登場人物を読む際に、一人ひとりの人物像を考えることに加えて、状況と人物のかかわり、人物同士のかかわりに注目することが大事である。『モチモチの木』には、場面ごとに小見出しがつけられている。一つ目の小見出しは、「おくびょう豆太」である。夜中に一人で用を足すことができない豆太が語られる。続いて「自分とたった二人でくらしている豆太がかわいそうで、かわいかったからだろう[注2]」という語り手の言葉を読むと、豆太とじさまの強いつながりが見えてくる。「豆太は見た」の場面では、豆太は腹痛のじさまを救うためにふもとの村まで医者様を呼びに行く。「おくびょう豆太」で読者が描いた人物像はここでひっくり返る。豆太は冬の夜に「いたくて、寒くて、こわかった」のになぜ医者様を呼びに行けたのか、何としてもじさまを助けたかったからではないか。このように読者は問いをもち自ら答えを出そうとして、「なぜか」とプロットをつかんでいく。最後の場面の小見出しは「おくびょうでもやさしけりゃ」である。最後の数行では、また夜にはじさまを起こして用を足す豆太が語られる。この姿に読者は「豆太はおくびょうなのか、勇気があるのか」と揺さぶられる。

ここで先行研究から、「勇気」の内実を問う〈読み〉を取り上げておきたい。橋本博孝は「わたしは、ここに勇気の意味を問い直すしかけを見いだそうとした」として、「夜中にしょんべんに行けるかどうかは、勇気とは異なる次元の話なのだ」と指摘している。[注3]豆太の人物像─五歳の豆太のこれからをも含みこむ人物像─を考える上で大事な指摘だろう。

③　言語表現の特徴―語り、視点―

②で分析した物語内容は言語表現に支えられている。近年読者論あるいは読書行為論に注目が集まり、読むことにおける読者の役割は大きな注目を集めた。読むことは読者の営みであるから、文学の読みに一義的な正解が求められないことは文学研究の場にも国語科教育の場にも浸透している。しかしながら、なぜそう読めるのかという探究なしには、文学研究も文学の授業も成り立たない。

ここでは『モチモチの木』の語られ方から、読者はなにをどのように受け取るのかを考えていこう。この物語の語り手は次のようにお話を始める。

全く、豆太ほどおくびょうなやつはいない。もう五つにもなったんだから、夜中に一人でせっちんぐらいに行けたっていい。

語り手は、豆太のことを「おくびょう」と語り、五歳になったから一人で用を足すくらいはできてもよいと判断している。

語り手は豆太の内面にも自在に入り込むことができる。例えば、「霜月二十日のばん」の場面では灯がつくというモチモチの木への豆太の思いが出てくる。

―昼間、だったら、見てえなあ……

と、そう思ったんだが、ぶるぶる、夜なんて考えただけでも、おしっこをもらしちまいそうだ……。

一方語り手は、じさまの内面には直接は入り込まず、外側から思いを推測している。語り手が豆太を「おくびょう」と評しているのに対して、じさまの言葉は豆太のちがう側面を読者に呼び起こす。

「……人間やさしささえあれば、やらなきゃならねえことは、きっとやるもんだ。」

読者は、じさまが豆太を「勇気のある子ども」と呼ぶことの理由をすでに物語内容として受け取っている。語り手の「おくびょう」という評価はじさまによってひっくり返るかのようである。しかし気をつけておきたいのは、このようにじさまの言葉を語っているのもまた語り手だということである。

整理すると次のようになる。

〈豆太の語られ方〉　おくびょう（語り手自身の判断）→　モチモチの木に灯がついているのを見た（豆太が見たことを語る）→　やさしささえあればやるもんだ（じさまの言葉で語る）→　夜またじさまを起こす（語り手の後日談）

最後の語り方はユーモアがあり、いかにも物語の末尾にふさわしい。じさまの豆太への見方をもう一度包み込んで、語り手が豆太を温かく見ている。語り手の語り方を視野に入れると人物像の理解が深まるのである。授業において学習内容・方法の構築に生かしたい。

④　作品の魅力や価値

じさまのために恐怖を振り払ってふもとの村まで走っていく豆太の勇気が認められ、山の神様の祭りの灯が見えた。山の神様の祭りを見たというのは、これから山で生きていく豆太にとってはかけがえのないことだったはずである。最後は語り手のユーモアで閉じられながら、じさまの願いに重なるように豆太が山で生きていくことの第一歩が記されている。こうして価値を見定めることが授業者の目標の設定につながる。

(2)　『モチモチの木』でなにをどのように学ばせたいか（【指導的研究】②・③・④）

次に指導的研究について考察し、授業づくりを考える。素材的研究も踏まえて、あらすじ、大事な語句、ねらい、方法を表9-2のように整理するとよい。

表9-2は二場面までを整理したものである。語句の分析から「なにをどのようにつかませたいか」を考え、方法の項に記した。例えば一場面の指導のポイントは、語り手が豆太を「おくびょう」と判断する理由を語句から考えさせる。さらにイメージ化を図るために、真っ暗な夜に出るなどの経験をグループ等で想起させる。現代は闇がなくなったといわれるが、児童によっては山の中で過ごす、林間学校等で訪れるなどなんらかの経験をもっている場合もある。「それはこわいものだ」「五歳では一人で行けなくてもしかたないかな」と読むか、「ちょっとおくびょうだ」と読むか学習者の声を待ちたい。

学習者の読みの予想（【指導的研究】①）をしておくことも非常に大切である。『モチモチの木』のように人物像をつかむことが中心になる物語では、現代の生活とは異なった背景や状況のなかでの人物を具体的に想像することが大切である。

三　年間計画の中での文学教材の位置づけ

文学教材による学習指導の時期や時数について、年間を見通して計画を立てることが大切である。ここでは四年生を想定して文学教材の指導の流れを考えてみよう（表9-3）。

各教材の網掛け部分は、特に大事にしたい言葉の力であり、同時に次の学習につながる部分である。『走れ』

表9-2　文章構成と授業内容

あらすじ	大事な語句	ねらい・内容	方法（●主な発問　○主な学習方法）
「おくびょう豆太」 　豆太は五つにもなるが夜中に一人で表にあるせっちんに行けない。じさまにいっしょに行ってもらう。	豆太ほど**おくびょうな**やつはいない。五さい**にも**なったんだから一人でせっちんぐらいに行けたっていい。ふとんをぬらされちまうよりいい**からなあ**。かわいかった**からだろう**。 おとう…きもすけ なんで**豆太だけが**…	ふだんの豆太の様子とじさまの豆太へのかかわり方、その理由を読み取る。 語り手の判断への感想。	●豆太はどんな子どもか。 ○小さい頃夜外で過ごした経験を想起して豆太の心情を想像する。（グループ学習等） ●豆太の家族は。 ○難語句（きもすけ　きも）の意味を調べたり文脈から考えながら読む。
「やい木ぃ」 　モチモチの木はでっかい木で秋にはその実でじさまがもちをつくってくれる。 　豆太は昼はモチモチの木にいばって実をさいそくしたりするが、夜はもうお化けみたいでしょんべんなんか出なくなってしまう。	豆太のつけた名前　**でっかい** **でっかい木**　もち　**ほっぺたが落っこちるほど**うまい 「おく山じゃあ、しかやくま**め**らが、**鼻ちょうちん**出してねっこけてやがるべ。……」	モチモチの木の様子を想像する。 昼と夜のちがいと豆太の態度のちがいを読み取る。	●モチモチの木に対して豆太はどんな態度か。 ○昼と夜を比べる。 ●じさまの言葉を聞いて豆太はどう思ったか。

表9-3　年間学習指導計画―文学教材の指導の流れ

教材名	育てたい言葉の力	平成二九年版学習指導要領（第3学年及び第4学年）での位置づけ
『こわれた千の楽器』	あらすじを楽しみながら工夫して音読	〔知識及び技能〕 (1)　言葉の特徴や使い方　ク　音読
『走れ』	登場人物の行動から気持ちを読み取る	〔思考力、判断力、表現力等〕 C　読むこと　(1)イ　叙述を基に捉える エ　登場人物の気持ちの変化を場面と結び付けて具体的に想像する
『一つの花』	戦争という状況の中での登場人物の思いを捉える	〔思考力、判断力、表現力等〕 C　読むこと　(1)オ　理解したことに基づいて感想・考えをもつ
関連読書	戦争を背景にした物語を読み、状況と人物の生き方のかかわりについて考える	〔知識及び技能〕 (3)　我が国の言語文化　オ　幅広い読書 〔思考力、判断力、表現力等〕 C　読むこと　(2)イ　詩や物語などを読み、内容を説明、考えたことを伝え合う活動
『ごんぎつね』	登場人物どうしのかかわりがどのように描かれているかに注意して読み、結末について感想をもつ	〔思考力、判断力、表現力等〕 C　読むこと　(1)エ　登場人物の気持ちの変化を場面と結び付けて具体的に想像する　カ　感じたこと・考えたことを共有し、一人一人に違いがあることに気付く
詩『ふしぎ』『大漁』	立場をかえたものの見方	〔知識及び技能〕 (1)　言葉の特徴や使い方　ア　言葉には、考えたことや思ったことを表す働きがあることに気付く

で登場人物の行動に注目した読みの経験が『一つの花』で状況の中での行動の読み取りにつながる。関連読書では戦争を背景にした物語を読むことを入れている。『ごんぎつね』で人物の行動の描かれ方という新しい読み方を学ぶ。「兵十から見れば」「ごんから見れば」と視点を意識する読み方である。詩の単元で、立場を変えたものの見方にふれ、言葉による認識を深めていくことができよう。年間を通して文学教材で育てる言葉の力を見通すことが大事である。実際の年間計画では、単元の配当時数、説明的文章や「話すこと・聞くこと」、「書くこと」との関連を考え国語科全体の計画とし、子どもたちの力を総合的に育むように考えたい。

注1　「続日本文学の伝統と実践　日本文学協会一九五三年大会報告」日本文学協会編所収
注2　本文の引用は東京書籍「新しい国語三下」平成二七年版によった。
注3　橋本博孝「豆太の自立にむきあう」田中実・須貝千里編『文学の力×教材の力　小学校編3』教育出版、二〇〇一

コラム

教師が課題意識をもって実践すること

教師が課題意識をもって実践することが教師の成長、ひいては子どもの学力保障につながる。以下に筆者の例を引いて紹介する。

書く楽しさを大事にした単元を進める際、突き当たるのが推敲をどうするかであった。教師が朱で直しを入れて、それを子どもがその通り直すという方法では身につかない、子どもたち自身が一生使える推敲の力を育てるにはどうしたらよいのだろうか。

そこで、小学校四年生の書くことの学習において、対話、特に聞くことを用いて、より深い内容、つまり自己の内面の表出やより具体的な状況等の記述がある文章を書くことを目指した実践を行った。

まず、聞き手が話し手の心を開き、話を引き出す対話を目指して、オープンクエスチョンを用いた対話ができるようにした。オープンクエスチョンは、答えが一つにならない思考を広げ深める質問である。「例えば？」「具体的にどんな感じ？」「もう少し詳しく教えて」などと聞き手が投げかけることで、話し手が心を開き、より深い内容を話し合うことができた。それまで、具体的に詳しくすることを目指すと、「どうして～」「なんのために～」と相手に詰め寄るようにして聞いていた子どもたちが、リラックスした様子で内面を語る話し手とそれを引き出す聞き手に変化し、対話が続く楽しさに目覚めた。

次に、よい文章とはどのような文章かを言葉にした。「内容が濃い」「自分らしさが出ている」「読む人が想像できる。読む人のことを考えている」といったことを話し合った。子どもたちの意見をまとめたものをこれ以降の学習で毎回掲示した。

そして、これらの学習の積み重ねの後に推敲の時間をとり、作文のメモを読み合ってテーマの明確さや具体例の良さなどについて意見を伝え合った。最後まで書き終えたものを削ったり直したりすることは子どもの実態にそぐわないため、メモの段階での推敲とした。初めに黒板に別のクラスの児童の付箋の例をあげて、いいと思うところやアドバイスしたいことを述べた。その後、グループに分かれて、自分たちのメモについて付箋を用いて同様の活動を行った。悪いことを指摘するという意識ではなく、よりわかりやすくするという視点で代案まで示すように促した。

書き手の表したいことがより引き出されるのが推敲の良さであり、書き手らしさが表れている文章を書くことが目指すところであるということを子どもたちが学んだ学習となった。子どもたち自身が一生使える推敲の力を育てるという課題を教師がもつことで、それに伴う願いに沿った手立てを選択し、実践することができた。

〈参考文献〉

・岩瀬直樹・ちょんせいこ『よくわかる学級ファシリテーション① かかわりスキル編』解放出版社、二〇一一

第十章　読むこと（説明的文章）の学習指導

一　説明的文章を読むとは

（一）読むとは主体的に読むこと—求められている「読む」とは—

「読む」ことは、文字言語で表現された内容を理解する受動的な言語行為として受け止められがちであるが、書き手が伝える内容等を正確に受容すると同時に、書かれていることを評価したり、それをもとに創造的に考えたりする側面も併せもつ。求められているのはこうした能動的な「読む」である。これは、ＰＩＳＡ調査において「情報の取り出し」「解釈」にとどまらず、「熟考・評価」までを「読解力」としていることや、平成二九年版学習指導要領の「読むこと」領域に「考えの形成」や「共有」まで指導事項として示されていることとも関連する。このように、書き手が表現した意味のまとまりである文章について自身の内に何らかの意味を生み出していこうとする主体的な読み手の育成こそが期待されているのである。

（二）説明的文章の種類と特性―説明的文章とはどのような文章をいうか―

「読むこと」の意義や読む過程で働く思考等は、読む対象である文章の特性によって決まる。そのため、文章の特性は、その単元で育成すべき力や指導方法に大きく関係することになる。例えば平成二九年版学習指導要領では、文章をその形態によって「文学的な文章」（文学作品や随筆など）と「説明的な文章」（それ以外の文章）とに分けており、「構造と内容の把握」と「精査・解釈」の指導事項は、これら文章の特性に応じて別々に示されている。

「説明的文章」には確固たる概念規定があるわけではないが、概ね「筆者が、ある対象にかかわる事柄や考えなどを筋道立てて説き明かしながら読者の知性に訴え、理解や納得を得ようとして書いた文章」ということになろう。事実の記述、「問いと答え」という基本的な構造、筆者の理性に基づいた論理的な展開などがその特性としてあげられる。しかしながら実際には、説明的文章にも筆者の心情や感性が入り込んだ表現があり、そうした表現が筆者の意図を読む糸口になることも少なくない。なお、学習指導要領における「説明的な文章」や一般的な「説明文」（広義）という用語は、「説明的文章」とほぼ同義に使われている。

『小学校学習指導要領解説国語編』には「説明的な文章」として、説明、記録、報告、解説などの文章、意見、提案、報道の文章、さらには、図鑑、事典などがあげられている。このようにその範疇は広く、多岐にわたるため、二つに分類すると指導上わかりやすい。一つは、事実とされる事柄や事柄相互の関係を解き明かして理解に導くタイプの文章、いまひとつは筆者の意見や主張について事実を根拠としながら納得に導くタイプの文章である。前者には、事物や生態の仕組みの説明、事象の経緯の説明、観察結果の記録、出来事の報告や報道などがある。このタイプは、事実の客観的記述を基本とし、筆者の考えは明確には示されない。とはいえ、材料の選択、構成や展開の仕方、事例の順序、考えと事実の関係づけ方などには筆者の「論理性」がある。それを読み取ったり使用語句や文末表現等に着目したりすることで、潜在する筆者の意図を推測することができる。一方、後者には、仮説を論証していく文章、意見や提案を述べた文章などがある。このタイプは、筆者の考えが明確に示され、事実を根拠として説得力を増すように記述されている。したがって、筆者の考えに納得できるかについて課題意識をもちながら読むことが多い。その際、主張と根拠との関係（根拠はあるか、その根拠は主張を支える事実か、その事実はそう解釈できるのか）や、論の進め方（文章構造や記述の仕方にあいまいさや飛躍はないか）についてその妥当性を吟味させることが必要になる。こうした特性から「批判的な読み」にも展開しやすい。

二　説明的文章を読むことの目標と内容
—何のために説明的文章を読ませるのか—

(一)　説明的文章を読むことの指導内容

中教審答申（平成二八年一二月）では、新しい時代に必要となる「資質・能力」の育成を求め、それは「(生きて働く)知識・技能の習得」、「(未知の状況にも対応できる)思考力・判断力・表現力等の育成」、「(学びを人生や社会に生かそうとする)学びに向かう力・人間性等の涵養」という三つの柱で示されている。これに伴い、国語科の内容も、〔知識及び技能〕と〔思考力、判断力、表現力等〕に再構成された。〔思考力、判断力、表現力等〕に位置づいている「読むこと」（説明的な文章）には表10-1のような指導事項が示されている。さらに、「話や文章に含まれている情報を取り出して整理したり、その関係を捉えたりすることが、話や文章を正確に理解することにつなが」るとして、〔知識及び技能〕(2)に「情報の扱い方に関する事項」（ア　情報と情報との関係、

イ　情報の整理）が新設された。このような平成二九年版学習指導要領の趣旨も踏まえ、「読むこと」（説明的な文章）ではどのような「資質・能力」（以後は「力」と簡略化する）を育成しなければならないのかを整理したい。

表10-1　〔思考力、判断力、表現力等〕「読むこと」の指導事項（説明的な文章に関する指導事項のみ）

	構造と内容の把握（説明的な文章）	精査・解釈（説明的な文章）	考えの形成	共有
第1学年及び第2学年	ア　時間的な順序や事柄の順序などを考えながら、内容の大体を捉えること。	ウ　文章の中の重要な語や文を考えて選び出すこと。	オ　文章の内容と自分の体験とを結び付けて、感想をもつこと。	カ　文章を読んで感じたことや分かったことを共有すること。
第3学年及び第4学年	ア　段落相互の関係に着目しながら、考えとそれを支える理由や事例との関係などについて、叙述を基に捉えること。	ウ　目的を意識して、中心となる語や文を見付けて要約すること。	オ　文章を読んで理解したことに基づいて、感想や考えをもつこと。	カ　文章を読んで感じたことや考えたことを共有し、一人一人の感じ方などに違いがあることに気付くこと。
第5学年及び第6学年	ア　事実と感想、意見などとの関係を叙述を基に押さえ、文章全体の構成を捉えて要旨を把握すること。	ウ　目的に応じて、文章と図表などを結び付けるなどして必要な情報を見付けたり、論の進め方について考えたりすること。	オ　文章を読んで理解したことに基づいて、自分の考えをまとめること。	カ　文章を読んでまとめた意見や感想を共有し、自分の考えを広げること。

（傍線は筆者による）

（二）説明的文章の読みに関する生きて働く基礎的な技能

日々の生活や学習で読む文章は説明的文章である。ところが、国立情報学研究所から「教科書や新聞記事のレベルの文章を、きちんと理解できない中高生が多くいる」という研究結果が発表されるなど、基礎的な読みの技能不足を指摘する声がある。だからといって、単に形式的なスキル練習を繰り返せばよいわけではない。読むことの指導事項（表10-1）は〔思考力、判断力、表現力等〕として示されている。「生きて働く技能」として確実に習得させ、活用できる力にしていこうという趣旨であり、内容と関連させながら、主体的に文章に対する課題を解決する過程で確実に身につけていけるような指導の工夫が求められる。また、低学年で重点的に指導した「重要な語や文を選ぶ力」を中学年で「要約する」際に発揮させるなど螺旋的に指導していくことにも留意したい。

（三）論理的思考力の育成

説明的文章はその文章構造や展開に論理性がある。この特性を生かし、「論理的思考力」を育成することはこの領域における重要な指導内容といえる。論理的思考力は、関係づけたり筋道立てたりしながら考える力であり、その考え方（「思考法」）には、「観点、比較、順序、分類、因果、限定、類推、一般化、具体化、評価[注1]」などがあげられる。文章構造の把握や書かれていない筆者の意図を類推するには「論理的思考力」が欠かせない。逆にいえば、文章の論理性を読み取ろうとする学習活動によって論理的思考力が鍛えられるということである。

（四）情報活用能力

「情報活用能力」は教科横断的に育成するとされているが、その一端を国語科の説明的な文章を読むことの指導が担っている。それは「言語活動例」のウに、学校図書館などを活用し、図鑑、事典、新聞などから必要な情報を収集しそれらを整理して、自分の表現活動に生かす活動が示されていることからもわかる。目的に合った本を探し出す力、条件に合った本を選ぶ力、目次や索引を使って必要な情報にたどり着く力、多様な情報を収集する力、情報と情報とを比べて選択したりそれらを関連づけたりする力、適切に引用する力などの「情報活用能力」は、急速に情報化が進展する社会において「学習の基盤」となる重要な力である。指導の際には、〔知識及び技能〕の情報の扱い方に関する事項、あるいは大きく、他教科・他領域との関連を図りながら指導することが考えられる。また、読書指導の立場からも、こうした「情報を主体的に読み解き、考えの形成に生かしていく読書（インタラクティブ・リーディング）の重要性」が指摘されているところである。

（五）　文章から得た知識や情報、文章に表れているものの見方・考え方、述べ方に対して考えを形成する力

文章はそれ自体が内容的価値を有し、知的好奇心を育んだり人間性の涵養にかかわったりする。ただし「説明的な文章の内容を自然科学や社会科学等の視点から理解することだけ」では国語科の学習にはならない。「言葉による見方・考え方」を働かせながら、内容を理解し自己陶冶に生かしていくよう指導する必要がある。平成二九年版学習指導要領では、「考えの形成」に関する指導事項を設け、文章の内容把握に終わらず、読んだ文章と自分の知識や体験とを結びつけて感想をもったり、自分の考えをまとめたりすることまでを求めている。さらには「共有」に関する指導事項では、文章を読むことで高まった認識や形成した考えを他者に話したり書いたりしてメタ認知すること、交流を通して知った他者の考えを自分に生かしていくことまでを求めている。

三　説明的文章を読むことにおける読解の対象―何をどう読むか―

述べてきたような力を育成する上で重要なのが「何をどう読ませるか」である。まずは、「何を読ませるか」について、森田信義(注2)の整理をもとに示す。次の①・②は叙述を捉えるのに対し、③は叙述から推測することになる。

①「内容」…「何が書いているか」筆者の考えや事柄などを読む
②「表現形式」…「どのように書かれているか」文章構造や表現の工夫などを読む
③「論理」…「なぜそのように書かれているか」事柄相互の関係性や内容と形式との関係性を読む

次に、「どう読ませるか」である。森田はさらに、①・②・③それぞれに対し、「文章に即して、ありのままに（叙述に即して正確に）読解する確認読み」と「それらが、どのような価値や問題を含んでいるか（つまり、どのような美点、妥当性や問題を抱えているか、どのようにすれば、それらの問題は解決し、美点は活かされるのか）を考慮し、実践し、実践に活かす評価読み」があるとし、「確認読み」を超えた「評価読み」を主張する。長崎伸仁(注3)も同様の主張をしている。阿部昇(注4)、河野順子(注5)、吉川芳則(注6)らは、「批判的な読み」を推奨する。いずれも、書かれている内容を取り出したり表現形式を確認したりするだけでなく、書かれていない論理性を推測したり文章自体の内容や表現の妥当性を熟考しながら一読者としてそこに意味を見出す主体的な読みを目指している点で共通している。

四　説明的文章を読むことの指導における課題

従前から非難されるのが「説明的文章嫌いをつくる形式一辺倒の授業」である。初読で新しい事実を知ったり謎が解けたりして関心を寄せた児童も、次の時間からは意欲が消沈し始める。児童の関心や疑問がどこにあろうと、どんな教材文であろうと、「はじめ―なか―おわり」に分ける、段落ごとの要点をまとめる、文章構成図を作る、接続語や指示語を確かめるといった児童にとって必然性のない活動を行う授業のことである。

もう一つ問題とされているのが、「活動あって学びなしの授業」である。紙芝居、パンフレット等製作の参考として文章を読み、完成した作品を紹介し合って終わる授業である。のりや色鉛筆を手にアクティブに活動しているようには見えるが、それは、児童が既有の「言葉による見方・考え方」を働かせながら文章と対峙し、「言葉を使いながら言葉に対して思考・判断・表現する」という国語科固有の本質的なアクティブさではない。

五　説明的文章の教材研究や授業構想
―小学校三年生「すがたをかえる大豆」―

図10‐1に示すのは、文章の特性を俯瞰的にかつ詳細に捉えるために書いた「文章構成図」であり、教材研究の方法として有効である。まずは文章論的な視点で、文章構成、各段落の要点や役割、段落相互の関係、論の展開、接続語や指示語、表現の技法、図表と文章との補完関係、重要語句等を分析する。ここまですれば教師主導型の授業はできる。しかし、求められるのは「主体的・対話的で深い学び」である。吉川(注7)は、児童が説明的文章

を楽しく読みながら力をつけていくためには「子どもの側からの教材研究」が必要であると述べ、明らかにすべき教材文の特性として「既知性」、「具体性・抽象性」、「イメージ性」、「ストーリー性」をあげている。これにより、児童にとって考える必然性のある学習課題やそれに沿った学習過程を工夫することができる。

例えば「すがたをかえる大豆」(注8)は、大豆をおいしく食べるための様々な工夫を紹介し、それは人々の知恵であるという事実について述べた文章である(図10-1参照)。「問いと答え」の構造をとりながらも「問い」は明示されていないため、問いを適切な箇所に補う学習課題が考えられる。また、五つの加工法が事例としてあげられていることは明白だが、なぜこの順なのか、潜在する論理を読む課題も考えられる。この中で⑦段落だけは「加工法」ではないことに気づけば、この異質な段落は必要なのか、批判的思考を働かせて読むこともできる。学習者にとって身近な食品を題材にしているため既知の内容もあれば、だからこそ驚く未知の事実も提出されている。食と人々の知恵という学習者に考えさせたい価値ある内容でもある。さらには、多様な加工法のある食物が他にもあることから、学校図書館などを活用して「情報活用能力」を高めていくような発展的な学習展開を構想することも可能である。

図10-1「すがたをかえる大豆」文章構成図

	①	②	③	④	⑤	⑥	⑦	⑧
構成	はじめ		なか					おわり
段落の役割	話題提示	前提 中心文	事例1	事例2	事例3	事例4	事例5 異質	まとめ
			← 読者が理解しやすい順、大豆の姿が残っている順、加工が単純から複雑への順、驚かないものから意外な食品への順、食べる頻度が増える順…等					
「すがたをかえる大豆」（国分牧衛）（平成二七年版）	わたしたちの毎日の食事には、肉・やさいなど、さまざまなざいりょうが調理されて出てきます。その中で、ごはんになる米、パンやめん類になる麦のほかにも、多くの人がほとんど毎日口にしているものがあります。なんだか分かりますか。それは、大豆です。大豆がそれほど食べられていることは、意外と知られていません。大豆は、いろいろな食品にすがたをかえていることが多いので気づかれないのです。	大豆は、ダイズという植物のたねです。えだについたさやの中に、二つか三つのたねが入っています。ダイズが十分に育つと、さやの中のたねはかたくなります。これが、私たちが知っている大豆です。かたい大豆は、そのままでは食べにくく、消化もよくありません。そのため、昔からいろいろな手をくわえて、おいしく食べるくふうをしてきました。	いちばん分かりやすいのは、大豆をその形のままいったり、にたりして、やわらかく、おいしくするくふうです。いると、豆まきに使う豆になります。水につけてやわらかくしてからにると、に豆になります。正月のおせちりょうりに使われる黒豆も、に豆の一つです。に豆には、黒、茶、白など、いろいろな色の大豆が使われます。	次に、こなにひいて食べるくふうがあります。もちやだんごにかけるきなこは、大豆をいって、こなにひいたものです。	また、大豆にふくまれる大切なえいようだけを取り出して、ちがう食品にするくふうもあります。大豆を一ばん水にひたし、なめらかになるまですりつぶします。これに水をくわえて、かきまぜながら熱します。その後、ぬのを使って中身をしぼり出します。しぼり出したしるににがりというものをくわえると、かたまって、とうふになります。	さらに、目に見えない小さな生物の力をかりて、ちがう食品にするくふうもあります。ナットウキンの力をかりたのが、なっとうです。むした大豆にナットウキンをくわえ、あたたかい場所に一日近くおいて作ります。コウジカビの力をかりたものが、みそやしょうゆです。みそを作るには、まず、むした米か麦にコウジカビをまぜたものを用意します。それと、しおを、にてつぶした大豆にくわえてまぜ合わせます。ふたをして、風通しのよい暗い所に半年から一年の間おいておくと、大豆はみそになります。しょうゆも、よくにた作り方をします。	これらのほかに、とり入れる時期や育て方をくふうした食べ方もあります。ダイズを、まだやわらかいうちにとり入れ、さやごとゆでて食べるのが、えだ豆です。また、ダイズのたねを、日光に当てずに水だけやって育てると、もやしができます。	このように、大豆はいろいろなすがたで食べられています。ほかの作物にくらべて、こんなに多くの食べ方がくふうされてきたのは、大豆が味もよく、畑の肉といわれるくらいたくさんのえいようをふくんでいるからです。そのうえ、やせた土地にも強く、育てやすいことから、多くのちいきで植えられたためでもあります。大豆のよいところに気づき、食事に取り入れてきたむかしの人々のちえにおどろかされます。
その他着目したい部分	隠された問い 大豆はどんな食品にすがたをかえているのでしょう。	隠された問い どんな工夫をしてきたのでしょう	いり豆 に豆 ←	きなこ	とうふ	なっとう みそ しょうゆ ←	えだ豆 もやし ←	えいよう 育てやすさ
	毎日の食事（身近） クイズ式、大豆… 既知	さや 「大豆」と「ダイズ」 手をくわえる	形は同じ いる にる	粉状	栄養を取り出してちがう姿にかえる にがり	小さな生物ナットウキン・コウジカビの力をかりてちがう姿にかえる	取り入れ時期の工夫。すがたをかえた事例として適切？	驚く

六　説明的文章を「読むこと」の学習過程

説明的文章の学習過程として様々な提唱がされているが、広く実践されているのが次のような過程であろう。

①　題名読み…内容に関心を高め、読みに目的をもたせるため、題名から内容を予想したり既知事項を確かめたりする。

②　通読…教材と出会い、感想を交流し合ったり概要を確かめたりする。学習課題が設定されることもある。

③　精読…学習課題の解決のために詳しく読み進め、互いの解釈を交流し合う。課題が課題を生むこともある。

④　まとめ…文章の内容や筆者の述べ方などに対してもった考えをまとめたり交流したりする。また、学びを振り返る。

平成二九年版学習指導要領では、「読むこと」においても学習過程が明確化され、その順に指導事項（「構造と内容の把握」、「精査・解釈」、「考えの形成」、「共有」）が示された。これを踏まえ、つけたい力、発達段階、教材の特性などに合わせて工夫が求められる。特に、読み取ったこと（自分はどう理解したのか）や形成した考え（それに対し自分はどう考えるのか）は表現することで明確になり、自覚したり共有したりすることができる、という視点をもって指導に当たることが大切である。読むという理解が中心となる言語行為ではあるが、表現する活動を学習過程の中に効果的に組み込むことが必要である。

注1　萩中奈穂美『「説明表現能力」育成のための学習指導論』溪水社、一一六〜一一七頁、二〇一七
注2　森田信義『「評価読み」による説明的文章の教育』溪水社、一三頁、二〇一一
注3　長崎伸仁『新しく拓く説明的文章の授業』明治図書出版、一九九七
注4　阿部昇『授業づくりのための「説明的文章教材」の徹底批判』明治図書出版、一九九六
注5　河野順子『質の高い対話で深い学びを引き出す　小学校国語科「批評読みとその交流」の授業づくり』明治図書出版、二〇一七
注6　吉川芳則『論理的思考力を育てる！　批判的読みの授業づくり』明治図書出版、二〇一七
注7　吉川芳則『説明的文章の学習活動の構成と展開』溪水社、一〇四〜一〇九頁、二〇一三
注8　国分牧衛、『国語三（下）　あおぞら』光村図書出版、二〇一五所収

コラム　音読・朗読指導

一　音読と子どもの発達

低学年では、ひらがなや漢字などの文字の学習においても、一文字ずつ読み方を確認しながら声に出して読む。目で文字を見て耳からもその音を聞いて、文字の形と音を結びつけるのである。そして、文や短い文章も同様に、何度も声に出して読む。声に出して言葉やリズムを体に刻みながら文章を理解するということが音読の大きな機能といえる。

学年が上がると、声に出して正確に読むことに加え、表情を出して読むこと、つまり文章から読み取ったことを表現しながら読むことを目指すようになる。低学年では理解するための音読という意味合いが強いが、中学年以上では、表現するための音読・朗読という性格をもつようになる。

同時に、中・高学年では、音読よりも黙読が優位になってくる。一般に、音読よりも黙読は考えながら読むことに適しているといわれる。音よりも文字から書かれていることを理解するようになるという読むことに関する発達の変化が見られるのである。

二　教室での音読の機能

教室で子どもたちが音読することの意義について考えよう。

・学習への構えをつくる

音読することとは、今学習しているところに注目させたり、学習のめあてを想起させたり、学習への動機づけや方向づけの意味をもたせる機能がある。学習への構えをもたせることになろう。

・声を出すこと自体を楽しむ

声を出して歌うのが気持ちいい、楽しいのと同様に、声を出して読むこと自体、心と体が開放され楽しいことである。また、皆で声を出すことで学級の一体感を感じることができる。

・発音・発声

明瞭な発音・発声ができるようになることは大切な技能の一つである。「口の体操」として「あえいうえおあお」のような声出しやトレーニングをすることも必要である。日頃から口形、声の大きさ等を意識した発音・発声を心がけたい。音読の際も、同様にこれらのことを意識して行うようにしたい。

・読みを確かめる

音読することで、文章の内容の理解を確認することができる。たどたどしい音読であれば、概ね内容理解ももう少しと判断できるし、すらすら読めれば、読み取った内容をいかに表現するかという段階に至っていると確認できる。子ども自身は、間違えずにすらすら読めることを第一の目標に、次に感情を込めて読むことを目指していくようになる。教師も音読によって子どもの読みの実態を大まかにつかむことができる。

・**読みを表現する**

すらすら間違えずに音読できるようになると、読み取ったことを声の表情や大きさ、強弱に変化をつけて表現することが楽しくなってくる。この段階では後述の聞き合うことが鍵になる。

三　音読指導の要

・**たくさん音読する**

音読は、何度もするうちに必ず上達し、しかも子ども自身が上達したことを自覚できる。そうするとさらに、繰り返し音読するようになる。授業中に、少しでも時間をとって音読するようにしたい。一人で、ペアで読み聞き合う、グループで、列ごとに交替で、など形に変化をつけるとよい。ねらいをもたせ読みぶりを変えて取り組ませることも心がけたい。

・**間違いを正す**

子どもが読み間違えていたら正す。一音一音取り立てて指導する。正確で明瞭に聞こえる音読を目指す。

・**聞き合う**

音読と同時に聞く耳も育てることができる。聞く力と音読力は表裏一体である。友だちはどう読んでいるかを意識して聞くことで、自分の音読をメタ認知しながら工夫しようとするようになるのである。時には、自分の音読を録音して聞き返す機会を設けることもよい学習になる。

・**教師の範読**

教師の肉声によって正確で表情豊かな音読・朗読を聞かせることは、手本として子どもにモデル、目標をもたせる意味で教育的な意味がある。しかし、大切なのは、子ども自身が音読し朗読することによって読み取ったことを表現し創造できるようになることである。その意味では、教師の音読・朗読が子どもの読みを規定してしまったり、音読の幅を狭めたりすることのないようにしたい。

音読・朗読は、読み手の心を届け、聞き手もそれを受け止める言語行為である。子どもたちが音読・朗読によって心を開き通わせ合うようになってほしいと考える。

〈参考文献〉

・伊藤経子『音読の授業』国土社、一九八八

第十一章　読書指導

一　読書指導の小学校学習指導要領における位置づけと背景

平成二九年六月の『小学校学習指導要領解説国語編』では、「二　国語科改訂の趣旨及び要点」(5)に読書指導の改善・充実という項目があり、次のように述べられている。

　中央教育審議会答申において、「読書は、国語科で育成を目指す資質・能力をより高める重要な活動の一つである。」とされたことを踏まえ、各学年において、国語科の学習が読書活動に結び付くよう〔知識及び技能〕に「読書」に関する指導事項を位置づけるとともに、「読むこと」の領域では、学校図書館などを利用して様々な本などから情報を得て活用する言語活動例を示した。

これに基づいて、平成二九年版学習指導要領における「読書」に関する記述を、表11-1にまとめる。「第2　各学年の目標及び内容」において、各学年の目標としては「学びに向かう力、人間性等」に、各学年の内容としては「知識及び技能」に、また、言語活動例として「思考力、判断力、表現力等」の「C　読むこと」に位置づけられている。

表11-1　小学校学習指導要領（平成29年3月31日告示）の「読書」関係箇所

第2　各学年の目標及び内容

各学年の目標　(3)「学びに向かう力、人間性等」

第1学年及び第2学年	第3学年及び第4学年	第5学年及び第6学年
(3)　言葉がもつよさを感じるとともに、楽しんで読書をし、国語を大切にして、思いや考えを伝え合おうとする態度を養う。	(3)　言葉がもつよさに気付くとともに、幅広く読書をし、国語を大切にして、思いや考えを伝え合おうとする態度を養う。	(3)　言葉がもつよさを認識するとともに、進んで読書をし、国語の大切さを自覚して、思いや考えを伝え合おうとする態度を養う。

各学年の内容〔知識及び技能〕(3)　我が国の言語文化に関する事項　読書

第1学年及び第2学年	第3学年及び第4学年	第5学年及び第6学年
エ　読書に親しみ、いろいろな本があることを知ること。	オ　幅広く読書に親しみ、読書が、必要な知識や情報を得ることに役立つことに気付くこと。	オ　日常的に読書に親しみ、読書が、自分の考えを広げることに役立つことに気付くこと。

各学年の内容〔思考力、判断力、表現力等〕C　読むこと　(2)　言語活動例

第1学年及び第2学年	第3学年及び第4学年	第5学年及び第6学年
ア　事物の仕組みを説明した文章などを読み、分かったことや考えたことを述べる活動。	ア　記録や報告などの文章を読み、文章の一部を引用して、分かったことや考えたことを説明したり、意見を述べたりする活動。	ア　説明や解説などの文章を比較するなどして読み、分かったことや考えたことを、話し合ったり文章にまとめたりする活動。
イ　読み聞かせを聞いたり物語などを読んだりして、内容や感想などを伝え合ったり、演じたりする活動。	イ　詩や物語などを読み、内容を説明したり、考えたことなどを伝え合ったりする活動。	イ　詩や物語、伝記などを読み、内容を説明したり、自分の生き方などについて考えたことを伝え合ったりする活動。
ウ　学校図書館などを利用し、図鑑や科学的なことについて書いた本などを読み、分かったことなどを説明する活動。	ウ　学校図書館などを利用し、事典や図鑑などから情報を得て、分かったことなどをまとめて説明する活動。	ウ　学校図書館などを利用し、複数の本や新聞などを活用して、調べたり考えたりしたことを報告する活動。

第3　指導計画の作成と内容の取扱い　1　指導計画作成上の配慮事項　(6)

(6)　第2の第1学年及び第2学年の内容の〔知識及び技能〕の(3)のエ、第3学年及び第4学年、第5学年及び第6学年の内容の〔知識及び技能〕の(3)のオ及び各学年の内容の〔思考力、判断力、表現力等〕の「C読むこと」に関する指導については、読書意欲を高め、日常生活において読書活動を活発に行うようにするとともに、他教科等の学習における読書の指導や学校図書館における指導との関連を考えて行うこと。

「第3 指導計画の作成と内容の取扱い」1(6)の記述も、系統的とはいうが、「読書」が様々なところに位置づけられていることを裏づけるものである。

戦後の学習指導要領において、昭和二二年及び二六年（試案）においては、読書は国語科の内容として位置づけられていたが、昭和三三年以降試案でなくなってからは、読むことに関する目標の後半部分にのみ位置づけられ、内容として位置づけられてこなかった。これは読書が、児童の個々の生活や習慣・態度と近い関係にあり、教科書教材の読解のように共通の決まったテキストがないことから、なかなか授業の中に取り入れることが難しかったという事情を反映している。しかし、平成二〇年の改訂では国際学力調査ＰＩＳＡの不振などから、「読書活動の充実」が取り上げられ、「Ｃ　読むこと」の最後の事項として国語科の内容に位置づけられ、読書を教室に取り入れようとする動きが生まれた。(注1) 平成二九年の改訂では、さらに読書の習慣化を意識した国語科の授業が求められているといえる。

そこで本章では、まず、様々な読書指導の方法について述べる。次に、そのような方法をどのような授業時間の中で用いるかについて「授業モデル」として、主に読書を特設の時間とした授業と、「思考力、判断力、表現力等」の指導事項に関連させた指導、探究的な学習に生きる読書指導の三つに分けて示す。さらに、読書指導の評価について述べる。

二　読書指導の方法

ここでは、個別読書、集団読書、本の紹介を軸にした方法、読書の技術を指導する方法の四つに分けて、様々な指導の方法を示す。いくつかについては具体的な手順を表11-2に示す。

(一)　個別読書

まずは、児童がそれぞれに読書をする個別読書がある。「朝の読書」にも影響を与えた読み浸らせる読書(SSR：sustained silent reading)のほか、リーディング・ワークショップなどでも重視しているのが、一人で行う黙読の時間である。

読み方をまったく指導せずに自由に読ませる場合が多いが、グラフィック・オーガナイザー(思考ツール[注2])などを利用して、あらかじめ読むべきところをはっきりさせ、そのグラフィック・オーガナイザーを完成させるようなつもりで読ませていくという方法もある。

(二)　集団読書

同じ本を集団で読んで話し合うというものである。読書へのアニマシオン[注3]は、読んできた本を「作戦」というゲームで遊ぶことにより、ある特定の読書技術を磨く方法である。リテラチャー・サークルは、同じ本を選んだ人で三〜五人のグループになり、自分たちで読む範囲や読む役割を決めて、その範囲を読んで考えたことを話し

表11-2　様々な読書指導の方法

読書へのアニマシオンの基本形（30名程度）

児童は前もって（2週間以内）本を受け取り、本を読んでおく 作戦というゲームを行う。作戦をしながら、読み方を学ぶ （例）作戦9　だれのことを言ってる？　→　登場人物の言動をとらえるという読み方 自分で別の本を読む際にも、ゲームで体験した読み方を生かす

読書へのアニマシオン　小学生向きの作戦

3　いつ？　どこで？ 4　何をいいたいの 5　いる？　いない？ 7　どんな人 8　にせもの文 9　だれのことを言ってる？ 11　これが私のつけた書名 13　誤植	25　チームで遊ぼう 30　何てたくさんのものがあるんでしょう！ 31　どうして？ 32　どれが本当の話？ 35　その前に何が起きた？ 36　物語ではそう言ってる？ 39　何のために	50　どこですか？ 51　何かの役に立つ 54　だれが、だれに、何を？ 59　それ本当？ 60　ばかだなあ！ 63　一緒のほうがうまくいく

リテラチャー・サークル

1　教師の本の紹介を聞く 2　児童が紹介された本の中から一冊選ぶ 3　同じ本を選んだ児童で班になる 4　班で読む範囲・役割を決める	5　決めた範囲を決めた役割で読む 6　読んだことを班に披露して話し合う 7　4～6を繰り返し一冊を読み切る 8　班であったことを学級に紹介する

読者想定法

1　本を自分の立場で読み、感想をもつ 2　班でどんな人がその本を読みそうか考えて、想定される読者のリストをつくる 3　リストの中から対立した人物を班の人数分選び、児童一人が人物一人を担当することを決める。担当する人物のプロフィールを、ワークシート上につくる 4　本を読みながら、担当する人物の読者反応を想像してワークシートに書いていく 5　班でそれぞれのプロフィールと読者反応を共有する 6　以上のことを振り返り、感想を書く

パートナー読書

1　パートナーを決める 2　パートナーと本を選ぶ	3　それぞれ選んだ本を読んでくる 4　読んで考えたことについて話し合う

交流型読み聞かせ

読み聞かせの前や、途中や、後に、教師と児童または児童と児童の交流の時間を入れる ・題名から来る予想、題名について知っていること ・考え聞かせ…読んでいる最中に考えていることを教師がモデルとして示す ・向き直って話そう！…思考パートナーと教師に問われたことについて話し合う ・考えていることを全体に話す…教師に問われたことについて自分の考えを発表する ・リーダーズシアター…せりふや地の文を児童が演じるように音読する

合いながら、一冊の本を読み切る。読者想定法は、グループでどのような読者がその本を読むかを考え（読者の想定）、それぞれが一人ずつその架空の読者を選択し、その読者になりきって本を読んで話し合うというものである。ブック・クラブは、同じ本について話し合う準備をして、やはりグループで話し合うという方法である。パートナー読書は、あらかじめパートナーを決めておき、パートナーと本を選んで読み、話し合ったり読んで考えたことを書いた手紙を交換したり、何か（ポップや本の帯など）を共同製作したりするというものである。

（三）本の紹介を軸にした方法

ある本を読んだ人が読んでいない人へ紹介する方法である。紹介するのが教師である場合と、児童である場合がある。ブックトークは、あるテーマについて複数の本などを順序よく紹介していくものである。様々なジャンルの本が含まれることが多い。ビブリオバトル[注4]は、もとは大学生が行っていた「知的書評合戦」で、本を読んだ人が五分間で本の紹介を行い、紹介の後に二～三分のディスカッションを行う。複数の人の紹介があり、最後に最も読みたくなった本を投票し「チャンプ本」とするというものである。これを、小学生向けにしたビブリオトーク[注5]もある。

読み聞かせも、広い意味では、読んだ人から読んでいない人への本の紹介である。ただ、要約を示すのではなく、本文そのものを音読する。聞き手が静かに聞いている静聴型読み聞かせのほかに、読み手と聞き手、聞き手同士が交流を行う交流型読み聞かせ[注6]もある。

紹介を話すことではなく書くことで行う方法もある。本の帯、ポップ、読書新聞、書評など、様々な形式が考えられる。

（四）読書の技術を指導する方法

読書そのものを行わせるだけでなく、選書の方法、目的によって読み方を変えること、読む速さを変えること、読書記録などの読書技術、奥付・目次・前書き・解説・索引・参考文献・後書き・著者紹介・訳者紹介・カバーの折り返しなどの本の部分を利用すること、学校図書館利用指導、日本十進分類法などの分類や資料の並べ方、検索の仕方、絵本・紙芝居・参考図書・新聞・雑誌・大型本・マイクロフィルムやオーディオ資料など本や資料の形態に関する知識、情報活用の段階に必要な技能などは、どの学年においても繰り返し指導する必要がある。また、情報倫理に関する学習、引用の仕方に関する学習なども、読書の技術として指導しなければならない。

三　読書指導の授業モデル

（一）読書を特設の時間とした授業

小学校では、週に一時間、子どもたちを学校図書館に連れて行き、自由に本を読む「図書の時間」をとっていることが多い。これが、特設の時間である。個別読書をするのに最適である。教師や学校司書がブックトークや読み聞かせを行うこともある。それ以外にも、通常の教科書指導とは別に、読書をすることに特化した時間（単元）を組むことができる。

リテラチャー・サークルのように、時間がかかる集団読書を行うには、週に一時間に限定せず、国語の授業中に読書の時間をとることが望ましい。

(二)〔思考力、判断力、表現力等〕に関連させた授業

〔思考力、判断力、表現力等〕の「C　読むこと」には、読書的な要素を取り入れた言語活動例が多く示されている（表11-1）。そこで、「C　読むこと」の授業としてどのように読書指導を取り入れるかを三点述べる。

(1)　一次……教科書教材を読む単元の導入

教科書教材を読む授業の導入として、背景知識を知らせるために教師が読み聞かせをしたり、本をブックトークによって紹介したりすることができる。

(2)　三次……自選の本・資料を読んで発表する授業

二次で読んだ教科書教材の発展として、関連する図書（例えば同じ作者の別の作品、同じ話題が扱われている別の作者の作品など）を紹介したり、その図書を個別読書で読む時間をとったりすることができる。三次までに何冊かの図書を並行読書しておき、その図書の中から最も気に入ったものを、児童がブックトークをしたり、紹介文（書評、読書新聞、本の帯など）を書いて他の児童に紹介したりすることもできる。特に教科書教材と同じような読み方を関連する図書に応用することをねらう場合には、その活動が三次にあることをあらかじめ一次で知らせ、児童が見通しをもって学習活動に取り組めるようにすることが重要である。

一般的な授業では、教科書教材を使用する二次に時間を多く配分し、関連する図書を読むのにあまり時間を配分しないが、筆者としてはより文章量が多いものを読む三次に、十分に時間を割いてもらいたいと考える。

(3)　二次との関連強化を図った授業

三次で自分が選択したものを紹介するための作業が、二次と密接に関係する場合には、二次の中に読書活動を織り込んでいった方がよい。例えば、教科書の「注文の多い料理店」を読んだ後に、自選の宮澤賢治作品「どん

ぐりと山猫」あるいは「なめとこ山の熊」を教科書で学んだ読み方を使用して読むという活動が考えられる。その場合、設定を捉える読み方、登場人物の特徴を捉える読み方、擬人語・擬態語を捉える読み方、色彩語を捉える読み方などを「どんぐりと山猫」や「なめとこ山の熊」で行うならば、教科書教材「注文の多い料理店」でまず設定を捉える読み方を学習し、次の授業の際に「どんぐりと山猫」や「なめとこ山の熊」の設定を捉える読み方を行う、そのまた次の授業では「注文の多い料理店」で登場人物の特徴を捉える読み方を共通教材として学習し、その次の時間に自選の「どんぐりと山猫」や「なめとこ山の熊」の登場人物の特徴を捉える読み方を個人作業として行う。教科書教材で全体で学習したことを、次の時間に個人作業に応用することを繰り返すのである。

(三)　探究的な学習の時間で生きる読書指導

国語の授業でも、あるいは国語以外の総合的な学習の時間などでも、テーマをもって探究するという学習に読書活動は頻繁に行われる。その際に、テーマに関することを調べるにはどのような本や資料を選べばよいか、選んだものをどのように読めばよいか、調べた結果を発表するにはどのように引用すればよいかなど、読書の技術を確認したり応用したりすることができる。

四　読書指導の評価

読書指導も、他の国語科の授業と同様に、評価を行う必要がある。ここでは、読書指導において行う評価の方法と評価の時期について述べる。

（一）読書指導の評価の方法

(1) テスト

読書にテストはなじまないと思われがちであるが、筆者は読書の知識や技術などは、テストで評価ができると考えている。山形県鶴岡市立朝暘《ちょうよう》第一小学校の図書館クイズなどは、分類番号に関する知識や、本の探し方の技術などを網羅しており、そのままテストとして利用できる。

(2) 質問紙調査

いわゆるアンケートの形で、普段の読書の状況について、自己申告させるものである。質問紙の作り方によって、幅広い情報が得られる。

(3) 観　察

どんな本をどのように読んでいるか、観察は日常行われる最も汎用性が高い評価の方法である。読むことの学習に対応させて、関心・意欲・態度の評価としてもよく行われる。

(4) インタビュー

質問紙調査や行動の観察だけでなく、もっと詳しく児童が行っている読書や、読書についての考え方などを掘り下げて把握したい場合には、インタビューするのが有効な評価方法である。

(5) パフォーマンス評価

探究的な学習などで、あるいは自分で選んだり調べたりする学習や、その結果をブックトークや音読などの形でパフォーマンスさせるような活動の際は、パフォーマンス評価が最も適している。学習過程に対応させて評価すべき観点を整理し、それぞれの観点についてレベルを設定したルーブリックなどを利用して評価するとよい。

(6) ポートフォリオ評価

ポートフォリオとは紙挟みのことで、学習した結果を紙挟みにためていき、時々振り返りの活動を入れていくというのがポートフォリオ評価である。読書記録をためていったり、グラフィック・オーガナイザーやワークシートなどがある場合や、書評などを書いた場合はそれらを入れたりして、時々自分の身につけた読書の技術を確認したり、自分の読書の傾向を分析したり、新たに読書計画を立てたりするのには、ポートフォリオ評価が有効である。

（二） 読書指導の評価の時期

B・S・ブルームは、学習の時期との関連で評価を、学習前に行う診断的評価、学習中に行う形成的評価、学習後に行う総括的評価の三種類に分類した。時期ごとにどのような読書指導の評価が行えるかを検討する。

(1) 診断的評価

最もよく行われるのが、質問紙による調査の形の診断的評価である。読書は好きか嫌いか、普段の読書量はどれくらいか、どのジャンルの本をよく読むか、どれくらいの時間を読書に当てるかなど、指導前の普段の状態を診断するには、質問紙調査が最もよく行われている。学校図書館の貸出冊数等の記録も利用できる。

(2) 形成的評価

授業と同時に進行するのが形成的評価である。読むことの三次構成の授業では、その授業について設定した評価規準（またそれを段階別に表した評価基準）が評価の観点となる。授業時の観察やワークシートの結果などで評価していく。パフォーマンス評価を用いるときも、学習の進捗状況に合わせて、評価の観点を定めていく。

(3) 総括的評価

単元後のテストなどは、総括的評価に向いている。読書記録や、調べ学習などの振り返りなどを紙挟みに入れていくポートフォリオ評価も総括的評価でも使用したい。

注1　足立幸子「国語科学習指導要領における読書指導の位置づけと課題」『新潟大学教育学部研究紀要　人文・社会科学編』第八巻第一号、一～一一頁、二〇一五

注2　関西大学初等部『思考ツール―関大初等部式思考力育成法〈実践編〉』さくら社、二〇一三

注3　M・M・サルト、宇野和美訳『読書へのアニマシオン―75の作戦』柏書房、二〇〇一

注4　谷口忠大『ビブリオバトル―本を知り人を知る書評ゲーム』文藝春秋社、二〇一三

注5　笹倉剛『グループでもできるビブリオトーク―「わくわく」「どきどき」する本の紹介方法』あいり出版、二〇一五

注6　足立幸子「交流型読み聞かせ」『新潟大学教育学部研究紀要　人文・社会科学編』第七巻第一号、一～一三頁、二〇一四

第十二章　国語科における〔知識及び技能〕の内容

一　〔知識及び技能〕の内容

平成二九年版学習指導要領では、それまで「話すこと・聞くこと」「書くこと」「読むこと」の三領域と「伝統的な言語文化と国語の特質に関する事項」で構成されていた国語科の内容が、〔知識及び技能〕と〔思考力、判断力、表現力等〕から構成されることになった。「伝統的な言語文化と国語の特質に関する事項」に位置づけられていた内容の多くは、〔知識及び技能〕として再編成されている。

この〔知識及び技能〕の内容は、次のとおりである。

（1）　言葉の特徴や使い方に関する事項

○言葉の働き　○話し言葉と書き言葉　○漢字　○語彙

○文や文章　○言葉遣い　○表現の技法　○音読、朗読

（2）　情報の扱い方に関する事項

○情報と情報との関係　○情報の整理

（3）　我が国の言語文化に関する事項

○伝統的な言語文化　○言葉の由来や変化　○書写　○読書

二　言葉の特徴や使い方に関する事項と学習指導

この事項では、読んだり書いたりする言語活動の基盤となる「知識・技能」について示されている。文字や文章、言葉遣い、音読や朗読など、内容は幅広く、どれも実際に言葉を使用するにあたっては大切な要素となるものである。以下、「言葉の働き」「漢字」「語彙」の事項について、詳しく述べていく。

（一）　言葉の働きに関する事項

言葉の働きとして、低学年では「事物の内容を表す働きや、経験したことを伝える働きがあること」、中学年では「考えたことや思ったことを表す働きがあること」、高学年では「相手とのつながりをつくる働きがあること」が示されている。また、中学校になると、「相手の行動を促す働きがあること」（中学二年）と発展する。

国語科の学習では、漢字や文法の指導は盛んに行われるが、肝心な「言葉とはどのようなものか」を学ぶことはあまり多くない。言葉は空気のようなもので、特に小学生にとっては、学習として学ぶことを通して、あらためて言葉の役割に気づいたり、自分の言葉の使い方を客観的に捉えられたりするようになる。外国語活動や外国語科などの学習とも連携して、言葉そのものについて学ぶ機会を設けていくことが求められる。

(二)　漢字に関する事項

各学年で学ぶ漢字は、学年別漢字配当表に示されている。平成二九年版学習指導要領では、この漢字配当表が変更され、都道府県名を表す次の漢字二〇字が追加となった。

茨、媛、岡、潟、岐、熊、香、佐、埼、崎、滋、鹿、縄、井、沖、栃、奈、梨、阪、阜

これらの漢字は、社会科の学習内容とも関連して四年生に配当され、また、これまで五年と六年で学んでいた「賀、群、徳、富、城」の五字も、都道府県名で使うことから四年の配当へと移されている。このように、四年生以上の学年で漢字の配当が見直され、小学校で学ぶ漢字は一〇二六字となった。

指導にあたっては、国語科で読み書きを学ぶとともに、例えば、社会科でも意識しながら使えるようにするなど、教科同士を関連させながら扱うことが必要となる。

また、字体については、「学年別漢字配当表に示す漢字の字体を標準とすること」とされている。漢字の正誤については、文化審議会国語分科会による「常用漢字表の字体・字形に関する指針(報告)」において、「骨組みが過不足なく読み取れ、その文字であると判断できれば、誤りとしない」という指針が示されている。こうした考え方を参考にしながら、指導の目的に応じて、柔軟で多様な評価をしていくことが求められる。

(三)　語彙に関する事項

語彙は、一つ一つの語句(＝単語)の集まりである。すべての教科学習の基盤となるものであり、また、日常生活の中でも、語彙が少ないと自分の気持ちを表現できなかったり、相手の考えをうまく捉えることができなかったりする。平成二九年版学習指導要領では、この語彙指導の改善・充実が求められており、低学年では「身

近なことを表す語句」を、中学年では「様子や行動、気持ちや性格を表す語句」を、高学年では「思考に関わる語句」を、それぞれ重点的に増やし使えるようにすることが示されている。

また、中学校でも、「事象や行為、心情を表す語句」（中学一年）、「抽象的な概念を表す語句」（中学二年）、「理解したり表現したりするために必要な語句」（中学三年）を重点的に扱うよう系統化が図られている。

指導にあたっては、一つひとつの語句を覚えさせるのではなく、文学的な文章を読む学習の中で、気持ちや性格を表す語句に着目させたり、また、似た意味の語句を集めて分類整理しながら、意味の差を考えさせていったりするなど、主体的な活動を通して学ぶことができるように工夫していくことが大切である。

三　情報の扱い方に関する事項と学習指導

平成二九年版学習指導要領から、新たに設けられた事項である。ここでいう「情報」とは、文章や会話に含まれている様々な情報のことである。この時点では複数の情報がどのような関係にあるのかを理解したり、また、情報をどのように整理して捉えたりすればよいのかについて示している。

（一）情報と情報の関係に関する事項

低学年では「共通、相違、事柄の順序」、中学年では「考えとそれを支える理由や事例、全体と中心」、高学年では「原因と結果」など、それぞれ情報と情報の関係を理解することが示されている。これらは、いわば思考の枠組みにあたるもので、読んだり書いたりする際に、そこで扱われる情報同士の関係を考えながら、理解したり表現したりすることが目指されている。中学校でも、「意見と根拠」「具体と抽象」などが扱われている。指導にあたっては、共通点と相違点に気をつけて文章を読み比べたり、原因と結果が明確になるようにレポートを書いたりするなど、実際に読んだり書いたりする中で、これらの事項が扱われることが望ましい。また、学年が上がるにつれて、一つの文章を、事柄の順序から分析したり、考えとそれを支える理由から吟味したりと、異なる関係から様々に読み解いていくことができるように指導の工夫を考えたい。

（二）　情報の整理に関する事項

低学年では設定されておらず、中学年では「比較や分類の仕方、必要な語句などの書き留め方、引用の仕方や出典の示し方、辞書や事典の使い方」を、高学年では「情報と情報との関係付けの仕方、図などによる語句と語句との関係の表し方」を、それぞれ理解し使うことが示されている。

必要な語句などの書き留め方は、例えば、メモの取り方などが考えられる。また、図などによる語句と語句との関係の表し方には、マッピングやチャート図などのように、視覚的に情報を整理しながら、考えを広げたり深めたりしていく方法が考えられる。いずれも、ただ、整理の仕方を練習として学ぶだけではなく、実際の課題解決の場面などで活用されることが効果的である。

四　我が国の言語文化に関する事項と学習指導

平成二九年版学習指導要領では、言語文化が指し示すものを、「文化としての言語」「文化的な言語生活」「言語芸術や芸能」と幅広く定めている。その上で、これまで扱ってきた伝統的な言語文化の内容だけでなく、言葉の由来や変化、書写、読書を含んだかたちで、我が国の言語文化に関する事項を整理し、内容の充実を図っている。ここでは、「伝統的な言語文化」と「言葉の由来や変化」の事項について扱う。

（一）伝統的な言語文化

例えば、低学年では、「ア　昔話や神話・伝承などの読み聞かせを聞くなどして、我が国の伝統的な言語文化に親しむこと」、「イ　長く親しまれている言葉遊びを通して、言葉の豊かさに気付くこと」の二つが示されている。

アの事項は、言語文化に触れ、言葉の響きやリズムに親しむことが示されており、中学年では文語調の短歌や俳句の音読や暗唱が、高学年では親しみやすい古文や漢文、近代以降の文語調の文章の音読が、それぞれ示されている。また、イの事項では、低学年で言葉遊びを通して言葉の豊かさに気づくこと、中学年ではことわざや慣用句、故事成語などの意味を知り使うこと、高学年では古典について解説した文章を読んだりして、作品に表れている昔の人のものの見方や感じ方を知ることが、それぞれ位置づけられている。

指導にあたっては、声に出して読んだりすることを通して、様々な言語文化に親しみがもてるようにすることが大切である。その上で、ただ活動するだけではなく、子どもたちが昔の言葉や表現などに興味をもち、調べたり話し合ったりする学習活動の工夫が求められる。

(二)　言葉の由来や変化

この事項は、低学年では設定がされておらず、中学年で「漢字が、へんやつくりなどから構成されていることについて理解すること」、高学年で「語句の由来などに関心をもつとともに、時間の経過による言葉の変化や世代による言葉の違いに気付き、共通語と方言との違いを理解すること。また、仮名及び漢字の由来、特質などについて理解すること」が、それぞれ示されている。

これまでは別々に位置づけられていた事項を、「文化としての言語」という視点から、平成二九年版学習指導要領ではまとめて示すこととなった。指導にあたっては、ただ教えて理解させるのではなく、自分たちで興味をもって調べたり考えたりしたくなるような課題設定の工夫が必要である、言葉についての気づきを大切にしながら学ぶことを通して、言葉そのものへの関心も高めていくことができる。

五　書写に関する事項の学習指導

(一)　国語科書写とは

手で書くことの学びは、手習いや習字の呼称で明治の学制以前から、またそれ以後も教科として大切にされてきた。手習いや習字による文字や書式の学びには、社会を生きるための決まりを習得するという要素があったのである。その後、一九〇〇(明治三三)年の国語科の成立とともにこの学習は国語科に統合され、芸能科習字期、戦後の毛筆空白期を経て一九五八(昭和三三)年、国語科の書写として学習されることとなった。国語科書写とは、それまでの経緯を踏まえ、書写すなわち手で書くことが学びの基礎であることを再確認したものと解釈したい。現在、書写は硬筆と毛筆をあわせて文字を正しく整えて速く書く能力の育成を目指すものとして位置づけられている。書写は習字や書道と混同されやすい。習字は過去に教育課程で使用されたが、現在は学校教育の場以外で用いられる。書道とは高等学校芸術科の科目名であり、芸術教科として文字の表現や鑑賞が明確に位置づけられたものである。小学校書写は文字文化を守り継承する意識をもちながらも、高等学校芸術科書道と位置づけや学習目標が異なるものであることを理解しなければならない。

国語科書写は、文字単体から文字配列の学習に進むなど、児童の書字発達に即した学習である。その指導は、国語科書写の学習事項を取り立て指導として扱うものである。また一単位時間の学習目標が、筆順などいわゆる書写の学習事項ではない場合でも、国語科の各分野や他教科の様々な書字場面と関連づけた書写指導が展開されることもある。学習指導要領では、硬筆を使用する書写を小学校各学年で行い、三年生以上の各学年で毛筆を用いて年間三〇単位時間程度、すなわち週一回程度の学習が位置づけられている。中学校学習指導要領では一年生と二年生において二〇、三年生で一〇単位時間程度の書写学習が設定され、行書等が学習される。これが義務教育における現在の書写学習の流れである。なお平成二九年版学習指導要領解説書において小学校一、二年生の硬筆の点画や字形指導の工夫の一環として「水書用筆等」が使用されることが示されたことは特筆される。

（二）　学習指導の実際

ここではまず書写学習の一例を示したい。例えば、小学校四年生で半紙に毛筆で「土地」と書く学習が展開されるとする。この教材の学習目標はどのようなものになるであろうか。先に述べたとおり、現在の書写の位置づけ上、「土地」を毛筆の芸術表現として書くことは学習目標にならない。「土地」では「左右の組み立て方を理解して書こう」という目標が想定される。児童は毛筆で「土地」を書き、土という単独形の文字が土偏という部分形になると横画が少し右上がりになるなどの、字形を整えて書くための原理原則に気づくのである。その後、硬筆でも「土地」のほか、様々な偏《へん》と旁《つくり》に分かれている文字を書き、応用材に学習を広げる。書写は、文字を適切に書くための原理原則を理解し書き進める学習である。この場合は文字の組み立て方の指導であるが、書写では六年間を通して、また中学校も見通しながら、様々な学習を系統的に行いたいのである。

書写の時間の学習目標には、他にも例えば学習指導要領に示された、字形、筆順、漢字や仮名の大きさ、配列、用紙全体との関係、書く速さ、穂先の動きと点画のつながり、目的に応じて使用する筆記具を選ぶことなどが想定できる。毛筆を中心とする学習では、毛筆書写の基本的学習過程を用いた課題解決型の学習が一定の成果をあげている。この基本的学習過程とは「目標把握、試し書き（試書）、練習、批正、まとめ書き、硬筆、評価」である。基本的学習過程による学習は、決まった流れが一単位時間に設定されていることにより、だれが行っても一定の学習効果を得やすいなどの利点がある。指導の固定化や形骸化を招きやすいという欠点を理解しつつ、毛筆学習の基本的学習過程は、書写指導において大いに参考にしたい。この毛筆書写の基本的学習過程は、試し書きの後に目標把握を行うように順番を入れ替えたり、批正や練習の回数を増やしたりするなど柔軟に活用したい。また硬筆のみの学習でも一部分を参考にするなど、これを応用して取り組むことが可能である。

書写の学習指導にあたっては、学習目標や学習過程にかかわる用語のほか、基本点画の名称などを学習用語として使用したい。例えば、先にあげた「土地」を指導する際には、「土偏の三画目は横画ではなく右上払いになります」という言い方をするのである。その分野特有の学習用語を使用して授業を展開することは、学習効率の上でも、児童の知識理解の向上の上でも効果的である。また、書写の学習用語を使用しながら空書等で筆順や点画の筆使いを解説することは、書字の一斉指導に必須の指導技術である。毛筆の筆使いについては、指導者が水書やＯＨＣ（オーバーヘッドカメラ）で筆の動きを見せる、教科書の指導書付属の動画を活用するなどの方法がある。

硬筆であれ、毛筆であれ書写の学習は日常の書写活動に生きるべきものである。そしてその学習は児童の学びの必要感に即したものでありたい。例えば、誰かにお礼状を書きたいという児童の思いをピックアップし、相手に感謝の気持ちを伝えるにはどのようなポイントに気をつければよいか話し合うようにする。そこから相手の名前の大きさや配列に気をつけて書くことが大切であることを確かめる。その後、相手意識をもって丁寧に封筒や便箋に書く活動が展開されるのである。

書写における技能面の評価は、その学習の目標が達成できたかの到達度をみるものであり、変容度など学習の過程にも着目したものでありたい。実技学習においても話し合い活動や自己評価活動を取り入れながら、メタ認知を高める評価の工夫も必要である。

(三)　書写指導の留意点と授業研究

書写では、姿勢や執筆を正しくすることが基礎基本の指導事項としてある。適切な姿勢と持ち方で文字を書くことを身につけることは、多様な学習に影響を与える。現在、いわゆる正しい持ち方は、児童が日常の書字場面で達成できているとはいいがたい状況がある。硬筆の正しい持ち方を指導することは、特に低学年の書写指導において重要である。

教師も児童と同じように学び成長するという視点から書写指導を考えると、初任者が書写指導で最も苦心するのは、毛筆学習の用具用材の準備や片付けの指導であるといわれる。一見瑣末《さまつ》な指導事項のように思われるかもしれないが、決しておろそかにはできないものである。普通教室で毛筆実技を指導することは、教師にとって多大な労力を必要とするものであり、特に初任段階では教材研究以上に心して行わなければならないものである。要所で手を止めさせて用具の状況を確認するなどの指導を取り入れることが肝要である。

書写の授業研究は、学習者研究、教師の実践知省察、リテラシー研究などの研究成果を幅広く取り入れながら、書写、すなわち手書き文字の学習の独自性に目を向けたものでありたい。一般社会でキーボードやタブレット等の文字入力が広く浸透しているなかで、手書きの意義とは、いかなるものかを考えることも必要である。字形指導は書写指導の中核を担っているが、常用漢字表の改定による新たな学習漢字の字形指導をどのようにするかなど漢字政策と関連した課題もある。このほか、急速に普及するＩＣＴを活用した書字運動の指導の展開など、書写において取り組むべき授業研究の課題は多岐にわたっている。

《参考文献》

・今村久二・中村和弘編著『語彙―言葉を広げる』東洋館出版社、二〇一七
・文化庁編『常用漢字表の字体・字形に関する指針』三省堂、二〇一六
・髙木まさき・寺井正憲・中村敦雄・山元隆春編著『国語科重要用語事典』明治図書出版、二〇一五
・全国大学書写書道教育学会編『明解書写教育』萱原書房、二〇〇九

コラム

教師の声と話し方

同僚の教師に、低い小さな声でぼそぼそと話す人がいた。彼女が転勤してきたとき、「この人は、子どもの心をそらさずに授業ができるのだろうか」と思ってしまうほど小学校の教師らしくない話し方だった。しかし間もなく、彼女が子どもたちの前で指示をする姿を見て、私は自分の見取りを大いに反省することとなった。一度子どもたちの前に立つと、彼女の話し方は一変した。声量、相手の頭にしっかりと入るインパクトの強さ。話の内容が的確に子どもたちに伝わっていることが一瞬でわかった。おそらく、彼女の本来の姿は、ぼそぼそとした話し方なのだろうと推測する。しかし、努力家の彼女は、子どもの前で話すポイントをしっかりとつかんで、力量のある教師となったのである。

では、その「ポイント」とは、何か。

まずは声量である。教室の一番後ろの端にいる子にもしっかりと聞こえる必要があることは言うまでもない。しかし、時に、教師の大きな声だけが虚ろに響いている教室がある。クラス全員に、「先生は自分に向かって話している」と思ってほしい。そのためには「声のはり」と「伝えたいという思い」が不可欠である。自信をもって伝えるためには十分な教材研究や授業準備も大切だ。その一方で、意図的に声の大きさを変える技術も必要である。騒がしい教室で、「静かにしなさい」と叫ぶことは、徒労に終わる。小さな声のほうが、確実に相手に伝わることもある。

声だけでなく、話し方についてもポイントはある。「助詞上がり」や「助詞のび」「文末のび」「早口」は、気をつけなくてはいけないことの基本である。癖の部分ばかりが耳に残って、伝えたいことが伝わらない話し方となってしまう。そして、抑揚やテンポ、表情や身振り手振りなど、気をつけたいことは数えきれない。自分の授業の映像を「教室での声・話し方」という観点で見直してみると、気づいていない自分の癖が見えてくる。話し方や話す順序でも受け手の捉え方は大きく変わる。全く同じ指導案でも、授業者によって展開が変わることは稀ではない。授業者の話し方に起因することも多いと考える。

国語科の教師として、子どもの前で話すことすべてが指導である。「正しい日本語」を使えるように日々努力することは言うまでもないが、「話し方」は、「話す内容」とかかわり、それは「話す人」に直結することを忘れずに、子どもたちが待つ教室に向かいたいものである。

第十三章　授業研究とリフレクション

一　授業研究とは

授業研究とは、授業を対象とした様々な要素についての研究の総称である。授業研究の背後には様々な考え方がある。一つは、教師が誰であっても、子どもが誰であってもうまくいく完璧な授業の方法を目指す方向である。もう一つは、教師と子どもは一人ひとりが違うので、その中で何が起きたのか、具体的な出来事の中で振り返り（リフレクション）、教師の専門性をあげていく方向である。

この考え方の違いをはっきりと提示したのがドナルド・ショーンである。（注1）ショーンは専門家には技術的熟達者と省察的実践家の二つの見方があるとしている。技術的熟達者のモデルでは、専門家の実践は一般的で抽象的な理論の応用として考えられ、最適な方法があるとされる。科学のように具体の中から一般的で抽象的な理論を導き出し、それを応用して実践するという現代に多くあふれている考え方である。それに対して省察的実践家は具体の中にある知こそ重要であるとする。ショーンはメジャーリーグのピッチャーの例をあげ、球速の緩急をつけるという行為の中にある知をもっているため、勝てるとしている。つまり知は具体的な行為の中にあるというのである。これを教師に当てはめてみると以下のように考えられる。絶対的な教育理論があり、それに従って教師や子どもが動いているかどうかを検証するような授業研究と、教師がその場で判断し、行動した理由を探り、それについて振り返りを行う授業研究である。

現在では教師と子どもの個性が重視されており、後者の授業研究が広がってきている。I・F・グッドソンは以下のように主張している。(注2)

私は教師が重要な個性をもっていないとする議論に反対の立場であり、態度、行為、そしてストラテジーに重要な違いがあり、それは教師によって、さらには分析対象とした時期によって異なっていると主張する。

つまり、グッドソンは教師一人ひとりが違うもの、また同じ教師でも時期によって違うものであるとしているのである。このように教師は理論を適用するロボットではなく、個性ある子どもたちとの具体的な出来事の中で瞬時に判断し、子どもたちと実践をつくり上げているると見るのである。

二　実践知とリフレクション

(一)　実践知

前節で教師は個性ある存在であり、個性ある子どもと具体的な出来事の中で実践を行っていると述べた。それでは具体的に教師の実践の中の知、実践知とはどういうものであろうか。ショーンは行為の中の知（knowing in action）が重要であるとしている。実践者は何か出来事が起きたその瞬間に知的な行為を行っている。その行為の中に知は含まれているが、通常記述できないとショーンは述べている。例えば教室の中の授業実践を考えてみよう。授業の中である事件が起きたとき、教師は即座にその事件に反応しなければいけない。その反応は今までの教師の経験や、教師のものの見方が反映されたものであり、大変に知的な行為と考えられる。しかしそのような実践が数多く連なっているのでなぜそのような行為をしたのか、言葉で説明できない場合が多い。自分の実践をゆっくりと振り返ってなぜこのような行為をしたのかを考え、自分の行為の枠組みを変容することは可能であるが、多くの教師はそのような時間がなく、流れていってしまうのが通常である。

ある中学の生物の授業で考えてみよう。でん粉の糊化の説明の時、ある生物の教師は「米は冷えると固まってしまってとれなくなる。だから面倒くさがらずにお茶碗は早く洗ったほうがよい」と話した。その時に生徒が「お茶碗をお湯につけておけばいいからすぐに洗わなくてもよい」という意味の発言をした。このとき、教師は生徒の発言が無礼な話し方であったせいもあると思うが、この意見を黙殺した。後で思えばでん粉の糊化の説明をする良い機会にもなっただろうと考えられるが、そこで黙殺してしまったので授業はそのまま流れていった。この教師の反応はこれで正しかったのかどうかはなんともいえないが、この反応がこの教師の実践知であったことは間違いないだろう。ある場面が与えられたとき自分がどんな反応をするのか、それは教師にとってとても重要なことである。それは深く考えて反応できるものではなく、まさに即座に反応しなければならない。その反応は自分の教育観、人間観すべてが一瞬に反応した行為であり、それがまさに教師の実践知として重視されるべきなのである。

その実践知の一つにフレームがある。フレーム分析とはショーンによると「実践者が問題と役割に枠組みを与える方法についての研究」とされている。ここではフレーム分析とは先に述べたような具体的な実践の中に埋め込まれている実践知を記述する研究と定義する。教師が無意識に、または意識的に実践の中に起こる出来事に対してどのような反応をするのか、ある程度の基盤・基準ができているはずである。その基盤・基準をここではフレームと呼ぶことにする。フレームは教師の子ども観・教師観・教育観といった教育的な知識だけでなく、教師が今まで生きてきた人生観・生活観などによって構成されている。教師のフレームを行為から明確にし、それを見つめ直すことにより、深めていく。その深めたフレームでまた実践を見つめ直してみる。このサイクルによって教育実践が変化していく。

特に授業中の教師の即興的な行為は特に重要である。即興というと準備不足のように読者は感じるかもしれない。しかしどんなに準備をしたとしても子どもは教師の予想を超えた思考を行ってくる。その際に教師が即興的にどう反応するかで授業が大きく変わってくる。したがって教師は子どもがどんな反応をしても対応できるように自分の力を高めていくことが求められており、その基盤・構えとしてフレームが重要になってくるのである。しかし一般的な教授法、技術しか学んでいない教師はこのような場合に反応することができず、授業を成り立たせることができなくなってしまう。一方、自分のフレームを明らかにして授業を考え、実践している場合は、即興的に反応することができる。

(二)　リフレクション

これまで述べてきたようにフレーム分析とは、状況的・即興的な行為に反応する構えであるフレームをモデルとして一般化するのではなく、自分に問い直す研究である。この自分への問い直しをリフレクションと呼ぶ。フレームには、自分の教育観・子ども観・学習観だけでなく、自分の今までの経験なども含まれ、それが総合的に、互いに関連して構成されている。そこから問い直すことが実践を変えていくきっかけになる。普段暗黙的に扱われている自分がどのような授業をしたのか、子どもがどのような学習をしているのかを明らかにし、翻ってそのように見える自分はどうなのかを考えるのである。自分がどのように変わったのか、また自分の課題は何で、これからどうしていかなければならないのかを反省的に考えるのである。モデル構成を目指す心理学とはまったく別の方向である。検証したり、範囲を絞ったりするという技術的熟達者モデルを目指すのではなく、「自分はこんな人間で、このように物事を見ている」と考える省察的実践家モデルを目指しリフレクションを行うべきであろう。

三　国語科の授業研究

国語科の授業研究の対象として、事前、事中、事後の三つがあるが、事前については他章で詳しく論じられているので、ここでは事中と事後について具体的に説明していく。研究授業をする際、見る際に参考にしてほしい。

(一)　事　中

授業研究には授業をする立場と授業を見る立場がある。授業をする立場からは事中は授業をすることに精一杯のため、ここでは授業を見る立場（参観者）からどのようなことに気をつけて授業を見ればよいのかについて論じる。ここでは具体的に二つの点から説明する。

(1) 指導案を読む

指導案を読んでから授業を見る理由は三つある。一つ目は授業者がどのようなねらいで授業を考えているのかを知るためである。なぜならこの後の授業の協議会を効果的なものにするためであり、授業者のねらいを理解した上でそれについて意見を言う必要があるからである。例えば文学的文章の授業で複数の文章から気に入った表現を紹介するねらいの授業を見たとする。その授業の後の協議会で登場人物の心情を深く読むべきだと主張しても協議が深まらない。授業者のねらいを尊重しながら授業を見るようにしたい。

二つ目は子どもの実態を把握するためである。今目の前の子どもたちはどういう学習経験を積み重ねていて、どのような課題をもっているのかをしっかり把握することが重要である。そのことによって目の前の子どもたちの様子の解釈が変わってくる。学習を積み重ねていないのに授業者が高い要求をしていたら子どもの実態に合わないので無謀な授業になるし、逆に学習を積み重ねていて前からできていることを授業で扱うのでは授業の意味がない。子どもができているかできていないかという観点ではなく、この授業で子どもが何を学び、何ができるようになったのかという観点で授業を見ることが重要である。子どもの実態の背後にどのような積み重ねがあるのかを考えないと協議を深めることはできない。

三つ目は単元計画をしっかり理解するためである。通常研究授業では一時間の授業を見ることが多い。しかし本時で学んだことが単元の目標とつながっていなければ本時の価値がなくなってしまう。この単元の目標が何で、そのためにこの本時はどのような位置づけなのか、本時に至るまでに単元内でどのような学習を積み重ねてきたのかを知らなければ本時の授業の価値を評価することはできない。

このように指導案を読むことで授業を見る際の事前情報を得ることができる。授業前にはしっかり指導案を読み、授業見学に臨みたい。

(2) 授業では子どもを見よう

授業の主役は子どもである。子どもに変化がなければ教師の発問には意味がなくなってしまう。筆者はいつも二つの点に気をつけて子どもを見ている。一つは子どもの顔が見える位置で、子どもを観察するということである。協議に臨むためには子どもの具体的な思考や行動をデータとして記録し、そこから授業について考えることが重要である。まず抽出児を指導案を読んで決め、その子どもに一時間の中でどのような学びがあるのかをしっかりと観察するのである。よく教室に後ろに座ってずっと教師の方を見ている人がいるが、それでは子どもの学びを観察することはできない。そのような人は教師の技術に注目しているのみなので、先程の例でいう技術的熟達者モデルに近い。そして自分なりの価値観でこの授業のこの発問は良かった、もしくは良くなかったというのみである。具体的な子どもの思考や活動を根拠として考えていないので協議は当然深まらない。子どもの発言をすべて記録しながら子どもの表情を合わせて見て、子どもの思考をしっかり観察してデータを基に話すことが重要である。

二つ目は子どもの小さなつぶやきを丁寧に拾うことである。子どもは教師に指名されてする発言のほかに、授業中に小さい声でつぶやくことがある。そのつぶやきは子どもの思考そのものの表れであり、とても貴重なデータになる。その子どものつぶやきが最も多く出てくるのが小グループやペアでの話し合いである。全体での発言にするほどはっきりしていないものを子どもはお互いに話したり、相談したりする。そこで相談したことが後の発言につながっていくことも多くあり、子どもの思考プロセスを見ることができる。しかし研究授業では全体での発言はしっかりと記録するが、個人のつぶやきを拾いに小グループでの話し合いを聞きに行かない参観者がいる。そういう参観者は、授業がどうまとまったかという全体での結論のみに注目しており、子ども一人ひとりの思考に注目していない。重要なのは黒板の中で授業がどうまとまったかではなく、一人ひとりの子どもがどう学んだかである。極端な話をすれば板書がきれいにまとまっていても、子どもに何の学びもない授業もあるのである。

(3) 子どもにインタビューしてみよう

抽出児に授業後インタビューをすることも有効である。一時間見てきた子どもの活動やつぶやきから子どもの思考を考えてきたが、それはあくまで見る者の解釈に過ぎない。それが本当かどうかを確かめる最もよい方法は子どもに直接インタビューすることである。授業後に一分ほどなら大きな迷惑にならないので、「このときこう発言したのはなぜ?」「このときここに線を引いたのはなぜ?」というように質問をするとよい。自分の解釈が当たっているときもあれば外れているときもあるが、いずれにせよ協議を深める貴重な資料となる。人権に配慮しながらも、できるだけ授業後にインタビューして、子どもの思考を捉えるデータとしたい。

(二) 事　後

協議会ではどのようにすればよいのか。授業者と参観者の両方から具体的に説明していく。

(1) 授業者

授業者は自分の授業を参観者に見てもらったのであるから、多くの子どもの思考を捉えるデータを手に入れるチャンスである。自分が何に挑戦して授業をつくり、どのような子どもの思考を期待したのかをはっきりと参観者に提案し、それが効果的であったかどうか参観者にデータから意見をもらう。そのときに重要なことは授業方法に完璧なものなどなく、同じことを見ていても見る者によって解釈が異なるということだ。参観者の意見を聞いてすべてを取り入れるのではなく、自分が何を重視していて、それに合うものを取り入れていくという姿勢が重要である。研究授業を積み重ねていくと、自分が何を重視して授業をしているのかが明らかになってくる。それが自分のフレームである。フレームが明らかになると、自分が何を重視しているのかわかってくるので、自分らしい授業ができるようになる。ただ、さらに経験を積んでいくと、そのフレームでは捉えきれない子どもと出会うことがあり、それによってフレームが変容することもある。

例えば、作文を好きな教師は、子どもに作文を好きにさせれば自然と書く力が身につくと考え、授業をつくる。これが「作文が好き」というフレームである。このフレームはいろいろな参観者に授業を見ていただいて意見をもらってきたが自分なりに譲れないものがあると気づき、明らかになったものである。しかしこのフレームはあくまで一つの見方にすぎない。逆に書き方がわからず嫌いだったという経験があり、まず書き方を教えていこうという「書く技術重視」というフレームもある。それを知り、自分のフレームを変容させることが教師の成長につながる。協議会に参加している参観者もそれぞれのフレームをもっている。そのフレームと出会うことで自分なりのフレームが明らかになるのである。

(2)　参観者

参観者も授業者と同じように自分とは違うフレームと出会うチャンスである。自分のフレームで捉えた子どもの姿を報告し、そこから自分の考えを発言することで授業者や他の参観者のフレームと出会い、自分なりのフレームを明らかにすることができる。具体的にはこの活動を通して子どもにこのような学びがあった、あるいはなかったということを具体的なデータをもとに話す。そしてどのように授業をすればよかったかを考えて伝えるのである。特に教師のとっさの判断に教師のフレームが表れることが多い。判断のもとを授業者に尋ねると授業者のリフレクションにつながる良い質問になる。

また授業を見る目を学べるということも大きい。同じ授業を見ていて詳しく語れる教師とそうでない教師がいる。授業を見ても語れないということは授業を見る目がないということである。筆者は教師になりたての頃は授業を見て多く語れる人と同じ子どもを見て、どうやってその人が子どもを見ているのかを盗んでいた。ぜひ読者の方も授業を見る目をもっている人と同じ子どもを見て授業を見る目を鍛えてほしい。

四　まとめ

以上、国語科の授業研究について説明してきた。後半は学生諸君や若手教員が実際に研究授業をしたり、参観者として協議会に参加したりすることを想定し、具体的に述べた。最後に一つ読者に伝えることとして授業研究が教師として最も重要な仕事であるということである。なぜなら教師の仕事の本務は授業をすることだからである。その授業がよくなるように授業研究をすることは専門家として必要な行為である。読者の方にはできるだけ多く研究授業を行ったり、授業見学に参加したりして多くのことを学び、成長していってほしい。

注1　ドナルド・ショーン、佐藤学・秋田喜代美訳『専門家の知恵』、ゆみる出版、二〇〇一

注2　アイヴァー・F・グッドソン、藤井泰・山田浩之編訳『教師のライフヒストリー』晃洋書店、二〇〇一

第十四章　評　価

一　評価とは—評価と評定、評価の目的—

評価と評定が混同されていないか、今なお、疑問に思うことがある。『教育評価事典』は、評価と評定の違いについて、「評定の場合は、指導要録の五段階評定や勤務評定のように、評価結果が数字や記号で抽象的・総括的に示され、その使われ方もほぼ管理目的に限定される」(注1)とする。私たちの国語科授業の中での評価が評定のみを目的としたものであってはならないのは自明のことである。しかし、「関心・意欲・態度」が評価項目に掲げられた当初は、それをどのように評定に反映するのかに現場の関心が集中したことを忘れてはならない。

評価は、学習者のつまずきを発見し、成長の跡を確認し、さらなる成長の一助とするためのものである。同時に、授業者が自分の指導の成果と課題を捉え、指導改善に生かすためのものでもある。

したがって、評価は、学習者を励まし元気づける温かいものでなければならない。この点について東洋は「私は日本全体、そして日本の学校の中で特に認められる評価のあり方は、どちらかと言うと、欠点とがめ型の方にかたより過ぎていると思う」とし、これを反省し、プラス面を評価することの大切さを指摘している。(注2)人はほめられてこそ伸びる。国語科の評価を考えるにあたって、最初にこの点をおさえておきたい。その上で、学習者が自信と自己肯定感をもち、さらに向上したいという意欲を感じて、進んで自らの課題や改めるべき点を見出し、その改善に取り組むように誘う評価をしたい。

また、指導者は、指導改善のための評価の大切さを忘れることなく、評価を通して得た情報を、指導方法や指導過程、指導形態の見直し、授業の軌道修正に活用する必要がある。目標そのものの再吟味を求められることもあろう。学習者も指導者も、評価をこのように活用し、学習と評価の一体化・指導と評価の一体化が具現化できてこそ、評価の目的は達成されたといえる。

二　何を評価するか―評価の対象―

何を評価するか。従来の評価は、知識・技能に偏っていた。それが、平成元年版学習指導要領で打ち出された「新しい学力観」によって、「関心・意欲・態度」の評価に光があてられるようになった。学習指導案の多くに「指導」ではなく「支援」という用語が用られるようになったのも、評価観と連動している。評価が学習者や授業者の成長のためのものであることを踏まえると、情意を捉え、関心・意欲を喚起するための手立てを評価を通して見出し、態度形成を図っていくことは重要である。益地憲一は、「国語学習が意味を持ち、学習者自身が充実した国語能力を身につけるためには、学習者の意思や感情を尊重しなければならない」、「学校教育の場における学習においてだけでなく、学習者の生涯学習という点からも、情意は重視されなくてはならない問題である」とし、情意評価の重要性を指摘している。益地はさらに、「学校教育においては、そのひとり学びを支える情意を育てはぐくむ」み、「自らの情意の傾向や重みを正しくとらえ、それをひとり学びに生かしうるような学習者を創り出していく」ことが必要だとする。(注3)

このように、自立した学び手の育成、生涯学習という視点からも、情意を評価することはきわめて重要である。平成二九年版学習指導要領の掲げる「主体的・対話的で深い学び」の実現のためにも、また、「学びに向かう力」を育む上でも欠かせないことといえよう。

情意の評価では、学習者の「関心・意欲」と外面に表れる「態度」のずれを捉えることが重要である。外からは集中して授業に参加しているように見える学習者の内面の揺れ、発言等はなくとも好奇心をもって深く考えている学習者の心の動き、これらは、「関心・意欲・態度」と一括りにしたのでは見えてこない。また、次に述べる誰が評価するのかという問題とも密接にかかわる。情意評価においては、「指導者による評価」と「自己評価」の結果が異なることも少なくない。筆者自身、きわめて意欲的かつ楽しみながら取り組んでいると捉えていた学習者が、閉塞感を抱え悶々としていることに自己評価に接して気づき、愕然としたことがある。(注4)

知識・技能と情意の評価に加え、近年では、思考力や判断力、表現力等の評価が重視されるようになった。試験問題一つにしても、知識を問う問題の作成は容易だが、思考力を問う問題の作成には時間と労力を要する。ペーパーテストという方法が適しているかどうかも吟味して評価にあたる必要があろう。音声表現力の評価では、実際に音声表現を行わせて評価することが不可欠である。これらについては、後述する。

三　誰が・いつ評価するのか―評価の主体と評価の機会―

（一）　誰が評価するのか―評価の主体―

誰が、評価するのか。評価を評価の主体によって分類すると、自己評価、相互評価、指導者による評価に分けられる。

評価は最終的には、自己評価で閉じられるべきである。級友の評価にふれ、指導者からの評価を受け、それらを真摯に受け止めつつも、他者からの評価のみで自己を値踏みすることなく、卑下せずかつ傲慢にならず、冷静に自己を捉えられる、そんな学習者を育てたい。安彦忠彦は、自己評価の「二つの主要な教育機能」として、「①自分を越える目をもつこと」、「②自省と自信を促すこと」をあげている。[注5] ①は、メタ認知能力の育成と言い替えることもできよう。内容のある自己評価活動を重ねさせる中で、メタ認知能力に裏打ちされた自己評価機能を高め、自己教育力をもった学び手を育てたい。また、安彦は、②のためには「時間的、精神的ゆとり」が求められるとする。[注6] 評価をきめ細かく行うのはよいが、ともすれば目標つぶし的に評価活動が位置づけられ、学習者も指導者も評価疲れするのではないかと思われるような学習指導案や授業を見ることがままある。評価における余裕やゆとりの大切さも再確認しておきたい。

（二）　いつ評価するのか―評価の機会―

いつ評価するのかという機会によって評価を分けると、診断的評価、形成的評価、総括的評価に分類することができる。診断的評価では、学習前の情意の有り様、知識・理解や技能習得の程度、思考力や想像力、判断力等がどの段階に達しているかを捉え、目標設定や教材選定、指導計画の作成に生かすことになる。初発感想等は、重要な評価材料となる。自由記述にするのか、ある程度、書くべきポイントを指導者が示すのか、アンケート形式にするのかによって、評価を通して得られる情報の内容が左右されるので、書かせ方を十分吟味したい。なお、ここで留意したいのは、学級全体に対する評価と個々の学習者に対する評価の双方に目を向けることである。全体および個を意識して、目標と指導計画を設定し、指導方法、指導形態を選びたい。個別指導の位置づけも考えておく必要がある。

形成的評価は、授業の適切な場面を見定めて位置づけ、フィードバックのための情報を得る。情意面の評価も継続的に行う。評価カード等の工夫も大切になるが、ノートに感想を書かせることを習慣づけることによる評価の簡便化も考えたい。授業中の指導者による見取りも大切にしたい。単元構成によっては、ポートフォリオ評価も有効である。また、配布プリント、ワークシート、作文等をすべてノートに貼らせていくと、ノートにポートフォリオ機能をもたせることもできる。学習者の発達段階に応じて、ノートもうまく活用しつつ、形成的評価の定着を図りたい。

総括的評価では、試験、パフォーマンス評価、レポート等で学習の成果と課題をあきらかにする。試験問題作成では、学習内容と試験問題の関連に留意したい。例えば、文学作品の指導で、授業では多様な読みを認めているにもかかわらず、ただ一つの答えに収斂しようとする設問のみをつくることは適切ではない。

なお、診断的評価、形成的評価、総括的評価は、一教材、一単元、一学年、さらには小学校六年間、それぞれのスパンにおいて位置づけ、学習指導に活用する必要がある。学習者のつまずきを抑え、望ましい成長を支えるための、幼・小・中の連絡も大切にしたい。

四　目標に準拠した評価と評価規準・ルーブリックの作成―到達度を捉える―

これまでの評価においては、多く、「集団に準拠した評価（いわゆる相対評価）」が用いられてきた。したがって、学級や学年内での学習者の位置によって評価がなされ、順位や平均点より上か下かがもっぱら学習者や保護者の注目の的になりがちであった。

これに対して、平成一〇年の学習指導要領改訂によって実施に移された「目標に準拠した評価（いわゆる絶対評価）」では集団内の位置ではなく、目標の達成度が問われる。この評価の採用によって、「評価規準」が広く用いられるようになり、学習指導案にも明記されるようになった。質的な判断の基になるこの「規準」を「のりじゅん」と呼び、これに対して、量的な水準を表す「基準」を「もとじゅん」と呼ぶこともほぼ定着した感がある。国語科授業の評価規準の作成にあたっては、学習指導要領に基づきつつ、教材の内容や児童の実態に即してつくる必要がある。学年段階に応じた形で学習者に示したり、保護者に知らせたりすることも大切である。

近年では、ルーブリック（評価指標）が用いられることも多くなった。ルーブリックには、目標達成の度合いを示す何段階かの学習者の姿が文章によって表現されている。ルーブリックの作成により、パフォーマンス評価における採点の指針が明確になり、評価の妥当性が担保される。また、ルーブリックをあらかじめ学習者に提示することで、学習者に目指すべき姿を具体的にイメージさせることができる。

なお、目標に準拠した評価においても、集団に準拠した評価においても、評価の基準は学習者の外に求められるが、基準を学習者の内側に求める評価に「個人内評価」がある。個に寄り添ってその成長を評価する上では、個人内評価の適切な位置づけも欠かせない。指導者が、個の成長に即した温かい評価を行うとともに、学習者自身にも自己肯定感をもって自己の成長を捉えさせ、さらに次の飛躍のために何が必要かを考えさせたい。

五　新教育課程における評価―今、評価に求められているもの―

（一）育成を目指す資質・能力―「生きる力」の具体化とその評価―

平成二九年版学習指導要領では、「生きる力」の具体化が図られ、次の三つの柱が教育課程全体を通して育成を目指す資質・能力として示されている。

ア　何を理解しているか、何ができるか（生きて働く「知識・技能」の習得）

イ　理解していること・できることをどう使うか（未知の状況にも対応できる「思考力・判断力・表現力等」の育成）

ウ　どのように社会・世界と関わり、よりよい人生を送るか（学びを人生や社会に生かそうとする「学びに向かう力・人間性等」の涵養）(注7)

また、このような資質・能力を培うための学びの在り方を「主体的・対話的で深い学び」としている。(注8)これを踏まえて、国語科の授業改善が進められなければならないし、評価もまた変わらなければならない。

アの「知識・技能」の評価については、これまでからの評価実践の積み重ねも多いが、身につけた知識や技能が「生きて働く」ものかが評価のポイントになろう。例えば、語句・語彙等においても、覚えているかどうかではなく、日常生活の中で活用できるか（されているか）に目を向けて、評価の在り方を工夫する必要がある。

イに示されている「思考力・判断力・表現力等」の評価、とりわけ「思考力」の評価は教育課程における評価の課題となっている。勝見健史は、「論理的思考を支える八つの関係付ける『思考のすべ』」として、「比較（類比・対比）」、「分類」、「分析」、「理由付け」、「推論」、「解釈」、「具体化・一般化」、「評価・批判」をあげている。[注9] 思考力育成に資する評価について考える上で参考になる視点である。

また、前掲「解説」は、「主体的・対話的で深い学び」を「我が国の優れた教育実践に見られる普遍的な視点」としている。[注10] すなわち、まったく新しい授業方法や評価を持ち込もうというわけではなく、これまでの実践から帰納されたものとしての「主体的・対話的で深い学び」の位置づけである。とりわけ小学校の国語科は、これまでから学習者の主体性を大切にし対話的な学びを展開してきており、「依然として講義調の伝達型授業に偏っている傾向[注11]」を指摘されている高等学校と比べると平成三二年からの教育課程の求める学びの実現は比較的順調に進むはずである。しかし、同時に、評価が適切に位置づけられないと「活動あって学びなし」という状況に陥る可能性も危惧される。また、「深い学び」の評価の在り方はまだ十分に解明されてはいない。それだけに、教育課程の改訂を意味あるものにするための鍵は評価が握っているともいえる。

（二）各領域の評価―領域の特性を踏まえて―

国語科の評価においては、「話すこと・聞くこと」、「書くこと」、「読むこと」の各領域に応じた評価方法を工夫し、適切な機会を捉えて評価したい。「書くこと」や「読むこと」の領域においては、ペーパーテストで測れる部分も多いが、「話すこと・聞くこと」に関しては、実際に話したり、聞いたり、話し合ったりする活動を行わせ、それを評価する必要がある。例えば、説明や報告を言語活動として設定した場合、その内容が目的や相手、場面に応じた適切なものになっているかを、形成的評価の段階で吟味する。その上で、発表段階では、発音・発声、姿勢、音声を通した説明や報告としてのわかりやすさ、聞き手への対応等を実際に音声表現をさせて評価することが肝要である。

また、聞くことについては、聞くための情意が高まっているか、必要な技能を駆使し、目的や相手、場面に応じた聞き方ができているかは、他者には捉えにくいことが多い。うん、うんとうなずいて傾聴していた学習者が、実は話の要点を捉えられていなかったということも希《まれ》ではない。自己評価の適切な位置づけも求められる。

「書くこと」や「読むこと」をペーパーテストで評価する場合でも、選択肢による解答や短い言葉での解答では、評価できる事柄が限られている。評価の観点を明確にした記述式の問題を作成し、採点にあたっては、部分点をつけたり、正解に幅をもたせたりして、思考の過程を捉え思考力を評価したい。ＰＩＳＡ調査の導入で、「読解力」の定義も見直されつつあり、受容的な理解だけではなく、批判的思考や、自らの考えの確立等も評価対象になっている。社会参画に結びつく情意が評価されることもある。また、「書くこと」においては、出来上がった作文を対象にした総括的評価だけでなく、診断的評価や形成的評価に力を注ぐ必要がある。どの段階で学習者がつまずいているのかを把握し、そこで適切な助言をしたり、必要な練習学習を組み込んだりすることで課題把握、情報収集、発想、構成等の指導を適切に行いたい。また年間を通した評価においては、ポートフォリオによる評価や文集作成を通しての評価と相互交流等も位置づけたい。

(三)　国語科のカリキュラムマネジメントと評価—指導と評価の一体化—

平成二九年の学習指導要領改訂では、指導者のカリキュラムマネジメント力も問われている。国語科のカリキュラムマネジメントの視点からの評価も大切にしたい。一時間の授業、単元、年間の指導、六年間の指導、それぞれについて適切な評価を位置づけ、ＰＤＣＡサイクルを機能させ、指導改善を図りたい。学習者のつまずきを学習者が抱えている課題としてだけでなく、指導側の問題として捉え、わかる授業、できるようになる授業、個が生かされる授業等の具現化のための取り組みを進めたい。自己評価やポートフォリオ、学習ノート等に表れた学習者の声に、真摯に向き合いたい。学期末や学年末にこれらに丁寧に目を通していると、授業実践時には気づかなかった事柄にはっとさせられることがある。これが授業とカリキュラムの改善、ひいては教師の成長のための糧となる。

注1　辰野千壽・石井恒好・北尾倫彦監修『教育評価事典』図書文化、二五頁、二〇〇六（この項の執筆は松下佳代）
注2　東洋『子どもの能力と評価』東京大学出版会、六〜七頁、一九七九
注3　益地憲一『国語科評価の実践的探究』溪水社、三九〜四〇頁、一九九三
注4　植西浩一『国語科自己評価法の開発』明治図書出版、三一〜三三頁、一九九七
注5　安彦忠彦『自己評価　「自己教育論」を超えて』図書文化、五〜六頁、一九八七
注6　注5前掲書、六頁
注7　文部科学省『小学校学習指導要領解説総則編』三頁、二〇一七（ウェブ閲覧：二〇一七年一一月）
注8・注10　注7前掲書、三〜四頁

注9　勝見健史「国語1『思考力・判断力・表現力』を育成するための『すべ』」新教育評価研究会編『新学習指導要領における資質・能力と思考力・判断力・表現力』文溪堂、二四頁、二〇一七

注11　中央教育審議会答申「幼稚園、小学校、中学校、高等学校及び特別支援学校の学習指導要領等の改善及び必要な方策等について」二〇一六

コラム　授業を見る

授業の参観は、指導案と照らし合わせながら見ることが多い。指導案が子どもの思考に合っているか、授業計画として考えたことが子どもに伝わっているか、授業の流れがスムーズか、そして、子どもたちが確実に学んでいるか。これらは、自分自身が研究授業を行うことをもとに考えれば、自ずと観点もできてくる。研究授業を受けることは大変ではあるが、たくさん授業を行うことで、授業を見る目も育っていく。

ここでは、「授業研究」とは少し違う観点で、「授業を見る」ことを考えてみたい。

私は、参観のときは、授業開始時刻前に教室に着くように心がけている。授業が始まる前の教室の雰囲気を見たいからだ。クラスの中で子どもたちがどんな表情で生活しているかを授業の最中に見取ることは難しいが、授業の前、緊張もある中での教師や子どもたちのやり取りから、クラスの様子や学習への思いを察することができる。教室の掲示物も授業前に見ておきたい。授業は毎日の積み重ねであるから、子どもたちの学習に関する掲示物は、授業を参観する前の情報として有効である。素直に自分が感じたことや学習したことを書き表しているか、意欲的に学習している児童が多いか、などを観点として見ると、これから行われる授業が見えてくる。

そして、授業中。観察する児童を特定したほうが授業がよくわかる。全体を漠然と見ているだけではわからない「子ども側のとらえ」に気づけるからだ。教師の発話や動きと子どもの思考は連動するので、教師側の活動と照らし合わせて見たい。すべてを追うことは大変なので、私は「今日の授業参観の観点」を決めて、欲張らないようにしている。授業の後半には全体を見回す。手いたずら、足をぶらぶらと動かすなどの様子が多ければ、その授業は、「子どもの学習意欲」という観点からすると、うまくいっていないことが多い。これは、授業研究としての「よい授業」とは一致しないこともある。

観点は変わるが、参観して一番自分の糧となるのは、研究授業ではなく普段の授業かもしれない。空き時間などを利用して、同僚に「授業を見せてください」とお願いするのだ。それも、複数回見せてもらうとよい。略案（それすら、授業者の頭の中にしか存在しないこともある）で行う普段の授業からは、子どもたちとのやり取りの技や活動の方法、計画通りに授業が展開しなかったときの方向転換の方法など、得るものがたくさんあるはずだ。

第十五章　これからの国語科教育に求められるもの

本章では、前章まで述べてきた国語科教育の指導目標や内容に関する事柄に関連して、国語科教育にかかわる今日的な課題や注目すべき点について述べていく。

一　伝統的な言語文化の取り扱い

（一）伝統的な言語文化で目指すもの

「伝統的な言語文化」は平成二〇年版学習指導要領において、「伝統的な言語文化と国語の特質」として登場した。その取り上げる内容は、短歌や俳句、神話や昔話、ことわざ、故事成語などとともに、それ以前には小学校ではあまり扱われなかった親しみやすい古文や漢文等までを含めている。

そうした中で、いわゆる古典の文章を小学校段階でも読むことへの戸惑いが広がっている。中学校以降で学ぶ内容であったものの何を何のためにどのように小学校で指導するのか、という問題である。小学校での古典学習は中学校での古典学習の前倒しなのか、小学校独自のねらいや手法があるのか、といったことである。平成二九年版学習指導要領でも、「我が国の言語文化」として、趣旨や内容が引き継がれその対応が課題になっている。

これまで「枕草子」や「竹取物語」の冒頭部分などを音読したり表現活動につなげたりする実践が広く試みられた。小学校の言語文化の学習において最も肝要なのは、ねらいが言語文化に「親しむ」ことにあり、声に出して読んだり書いたりして親しみをもつこと、言葉のリズムを感じることが重要であると位置づけられていることである。しかし、それらの実践的工夫や検証は始まったばかりである。古典に触れて伝統的な言葉の世界に対する理解を深めるための実践的研究が一層求められる。

（二）小・中学校における実践例

小学校の実践では、青山由紀の実践がある。(注1)小学校五年生で「竹取物語」を読み聞かせにより音声のみで出会わせ、子どもたちが現代の自分たちにも内容が伝わることの驚きをもち、現代でも使われている言葉と共通する言葉があることに気づく実践をしている。また、「万葉集」の漢字のみの長歌を読み、詩の技法や漢字の意味など既習の学習を生かして内容を推測しながら当てる楽しさを経験しつつ、古文に親しむ学習を展開している。

小学校における新たな実践の工夫を考える上で、これまで古典入門への誘いとしての工夫を数多く試行してきた中学校の実践例を参考にすることも有効であろう。例えば、筆者（森）は、万葉集の和歌を題材に、子どもたちにとって身近な七夕伝説を読む学習に取り組んだ。(注2)この実践では、ほとんどの子どもたちが七夕の物語に触れたり笹竹に飾りつけをすること、短冊に願いごとを書くなどの経験をしていることから、七夕をテーマに古典の単元開発が可能ではないかと考えた。中学一年で七夕伝説に関する内容や背景を知る、中学二年で、さらに広く星の伝説等の資料を読む、中学三年で、「懐風藻」と「万葉集」から七夕にかかわる和歌を読む、という構想を立てた。これをアレンジすることで小学校でも実践可能ではないか。子どもたちにとっての題材の身近さや物語性を生かせるだろう。

これらのほかに、「竹取物語」や「枕草子」の冒頭部分などを四コマ漫画に書き換える学習、昔話の絵本を声を出して楽しみ音読大会を開いたり紙芝居づくりをする、百人一首大会など、様々に展開が考えられる。古典の意味よりもリズムを体感し音を楽しむことを目標の中心に据え、その中で少しずつ知識も得られるような方法の工夫をしつつ実践を重ねることが期待される。

(三)　小中合同の実践例

(二)に加えて、筆者(森)は、中学生と小学生の合同学習の単元開発を試みた。(注3) 単発になりがちな小中の連携指導を複数回継続して行っている。単元の概略は次の通りである(小学校三年生と中学校三年生、小学校五年生と中学校三年生の合同)。

〈単元一〉 「遠野物語」をリライトして読み聞かせを楽しむ

小学生に読み聞かせることを前提として中学生がリライトした作品でグループごとにお話し会を開いた。小学生にとっては民話のおもしろさにふれる学習となった。

〈単元二〉 一緒に作ろう～「枕草子」から言葉を広げる

四、五人程度の小中合同グループで「枕草子」第一段「春」「夏」を工夫して音読し合う。次時に「私たちの『春』『夏』」として、第一段を模して個々に作品を作り、グループ内でその作品を並べてアンソロジーを作って発表し合う。

〈単元三〉 一緒に作ろう～俳句と和歌のアンソロジー～

単元二の経験を踏まえ、小学生は俳句を、中学生は和歌をそれぞれ自作し、単元二のグループでアンソロジーを作って発表する学習である。

小学生にとっては、民話や古典、和歌の知識を中学生から得たり、音読の巧さに感じ入ったりする姿が見られた。中学生にとっても、小学生に読んでもらうという目的意識をもってわかりやすい表現を工夫する学びや、アンソロジー作りを通じて小学生の視点の新鮮さに気づかされる学びがあった。

この実践から小中合同学習の際のポイントとして、小学生と中学生双方に学びがある「互恵性」、単発の合同学習よりも継続して互いを知り合う中で相互のかかわり合いの深さがもたらされる「継続性」、合同授業が楽しかったという経験とともに、古典がおもしろい、興味がもてるという思いをもたせる「楽しむ経験」があげられよう。

二　外国語科との関連の在り方

（一）　外国語科の趣旨

外国語活動は、平成一〇年版学習指導要領で国際理解の一環として「総合的な学習の時間」の中で行われる英語活動が始まりであった。平成二〇年版学習指導要領から、五・六年生で「外国語活動」が位置づけられた。教科としての外国語ではなく教科外活動「外国語活動」である。そして平成二九年版学習指導要領では、三・四年生では「外国語活動」として年間三五単位時間（週あたり一時間）、五・六年生では「外国語科」として位置づけられ、年間七〇単位時間（週あたり二時間）となった。グローバル化が急速に進展し、外国語（特に英語）によるコミュニケーション能力を向上させる必要性が高まったことが背景にある。また、小学校と中学校の外国語学習の円滑な接続を図り、成果を上げようというねらいがあろう。

まず、中学校英語科との連携、また差異についての理解が必要であろう。外国語活動は、あくまでも外国語に触れ親しむことを目標にする。しかし、小中の連携、接続が円滑でないという実態が指摘された。平成二九年版学習指導要領では、英語に触れ話したり聞いたりするだけでなく、発達に応じて段階的に文字を読んだり書いたりすることが扱われるようになった。そして何より大切なのは、子どもたちが様々な外国語を用いた言語活動の中で外国語に慣れ親しみ中学校以降の外国語学習の動機づけを高めることである。

(二)　国語科教育と外国語教育

外国語科も国語科もともに言語能力の育成を目指す教科であることは共通している。ではどのような点で連携していけるだろうか。

一つの観点として、日本語と外国語を比較することで、日本語の特徴や仕組み、良さなどに気づくような学習をすることがあげられる。日本語を相対化してみるということは他の言語が対称軸としてあるからこそできることである。そしてそれは、違いに気づくことと同時に両者の共通点、言語とは我々人間にとってどのようなものでどのように機能するのかといった言語そのものへの意識を育てることにもなる。

外国語でのコミュニケーションの場合は、うまく通じない、どのような言葉で伝えればよいかわからないというような伝わりづらさを大いに経験できる。また、言葉以外の表情、身振り・手振りなどのノンバーバルな要素もコミュニケーションには必要であることを感じやすい。そのような経験が子どもたちに言語を学習することへの関心を高めることにつながるだろう。

今後、このような視野をもって国語科教育と外国語教育の連携を図りその成果を検証していくことが期待されている。

三　幼小・小中連携

（一）連携のねらい

近年、幼稚園や保育所等と小学校との連携や小学校と中学校の連携が叫ばれその研究や実験が行われるようになった。これは、子どもたち自身や社会、環境の変化により、いくつかの問題が生じてきたためである。

幼小連携の背景には「小一プログラム」がある。幼稚園や保育所等で遊びを中心とした自由な生活を送ってきた子どもたちが、小学校に入学して、時間を区切られ毎時間決められた時間割で学習に向かう、椅子に座り続けていなければならない、未知の先生や友だちと過ごすことへの不安など、生活の仕方や文化の違いに違和感を感じ不適応や問題行動を起こすことがある。この「小一プロブレム」については、幼小連携という形で実践や研究がなされてきた。

幼稚園等が小学校への準備教育であるという捉え方もできるが、幼稚園等でも小学校でも、それぞれにその発達段階で目指すべき資質・能力の育成に努め、なおかつ、「適度の段差」と「なめらかな接続」を重視する。つまり、子どもの発達を促す段差であり、子ども自身がステップアップの実感をもてる段差といえる。この「段差」があることが「一貫教育」との大きな差異である。そして、人や環境の変化に対する子どもたちの不安や緊張を軽減しつつ、違和感なく適応していけるように配慮することが求められる。

また、小学校と中学校との連携についても同様のことがいえる。教師、友人、先輩との人間関係、小学校との学校文化の差異、学習への抵抗感などから不適応を起こす「中一ギャップ」における生徒への対応が問題になっている。また、学習が高度になることで、ついていけなくなる生徒が増えていくということもある。

（二）連携の事例

現在、全国で幼小および小中の連携研究や実践の取り組みが行われている。

お茶の水女子大学附属幼稚園・小学校・中学校では、学びの適時性と連続性の観点から十二年間の子どもの発達に即したカリキュラムを開発した。（注4）特に、幼小接続期、小中接続期を設け、接続期として校園間の移行期の子どもの生活と学習に焦点を当て、なめらかさと段差に配慮したカリキュラム開発に取り組んだ。各教科の学習においては「学びの概要」という十二年間を見通したカリキュラム表を作成しそれに基づいた実践が行われている。

東京学芸大学附属竹早幼稚園・小学校・中学校では、幼稚園から中学校までの子どもの主体性の成長過程を「成長の4ステージと8ステップ」で捉えカリキュラム開発を行った。（注5）

いずれも、幼児期から小学校入門期の生活の中の言葉を豊かにし、徐々に話し言葉から書き言葉への移行を進め、自然に言葉の使い方や語彙を広げていこうとしている。言葉を介した子ども同士、子どもと教師のかかわり合いを大事にしていくことが何よりも重要である。小学校から中学校に向けては、抽象思考や論理思考への道筋をつけることに配慮し、自分たちで学習の状況を見極めつつ見通しをもちながら、言葉を協働的に学び合っていく文化の醸成を視野に入れて、言葉の力の育成を目指している。

このように、幼稚園、小学校、中学校だけで捉えていた子どもたちにつけたい資質・能力を、幼小中を見通し、かつ「学びの適時性・連続性」「主体性」のような観点から編み直す作業に取り組んだのである。これは今後もそれぞれの校園の教師が、子どもの発達や育ちの道筋を見据えて指導にあたる際に配慮すべき点である。

右記一〜三のほかに、他教科との横断的な学習も今後一層、意図的に設定していく必要がある。さらに、今後ますます発展するであろう情報化社会に生きるために、メディアリテラシー教育は、情報教育とともに、国語科においても実践を重ねていくことが期待される。

注1　青山由紀「小学校における古典教育の可能性」桑原隆編『新しい時代のリテラシー教育』東洋館出版社、二〇〇八

注2　森顕子「『万葉集』の単元開発と実践―古典の魅力を引き出す単元の工夫　その四『七夕伝説』文化と文学をつなぐ―」全国大学国語教育学会第一二三回大会自由研究発表資料、二〇一二

注3　森顕子「『小中合同授業』を核とした単元の可能性―十六編のすてきな春『枕草子』から―」二〇一四

注4　お茶の水女子大学附属幼稚園・小学校・中学校「平成十九年度研究開発実施報告書（第三年次）「幼・小・中十二年間の学びの適時性と連続性を考えた連携型一貫カリキュラムの研究開発―協働して学びを生み出す子どもを育てる―」二〇〇七

注5　東京学芸大学附属竹早幼稚園・小学校・中学校紀要「幼小中連携カリキュラムの検証―実践に基づく『連携』の視点―」二〇

付録

学生のための文献

青木幹勇『**第三の書く―読むために書く　書くために読む**』国土社、一九八六　＊「読むことの中における書くこと」の機能に注目した実践体系書。

秋田喜代美『**読書の発達心理学**』国土社、一九九八　＊子どもたちの読書の発達過程と読書環境について心理学的にアプローチした。

安藤修平監修、国語教育実践理論会編『**読解力再考**』東洋館出版社、二〇〇七　＊読むことの学習指導の教材分析や実践が数多く示された書。

伊藤経子『**音読の授業**』国土社、一九八八　＊音読指導で何が大切かを学級の具体的な子どもの姿から学ぶことができる。

今井康夫『**アメリカ人と日本人**』創流出版、一九九〇　＊アメリカと日本の教育の違いが、「なるほど」とよくわかる。

イ・ヨンスク『**「国語」という思想**』岩波書店、一九九六　＊「国語」とは何かを考える手引きとなる本。

内田義彦『**読書と社会科学**』岩波書店、一九八五　＊文科系の学問の方法についてわかりやすく記した書。

江連隆『**なっとく「国語科教育法」講義**』大修館書店、一九九七　＊国語の授業のポイントをわかりやすく明確に示す。

大村はま『**大村はま国語教室**』（全十五巻・別巻一）筑摩書房、一九八二～一九八五　＊国語教育実践の宝庫。

岡田敬司『**コミュニケーションと人間形成**』ミネルヴァ書房、一九九八　＊学習者の発達とコミュニケーションのあり方を詳細に論じている。

岡本夏木『**ことばと発達**』岩波書店、一九八五　＊幼児から児童への言葉の発達課題と学校教育での指導の視点が得られる。

小田迪夫『**説明文教材の授業改革論**』明治図書出版、一九八六　＊説明的文章教材の学習指導研究の必読文献。

梶田叡一『**教育評価　第二版補訂二版**』有斐閣、二〇〇一

○　＊評価を考える上での基本文献。

門脇厚司『**子どもの社会力**』岩波書店、一九九九　＊子どもたちをめぐる状況を社会学の観点からとらえた本。

上條晴夫『**見たこと作文でふしぎ発見**』学事出版、一九九〇　＊小学校の作文指導の具体的なところがよくわかる。

上谷順三郎『**読書論で国語の授業を見直す**』明治図書出版、一九九七　＊読書論をめぐる国語教育理論や実践がわかりやすく整理されている。

木下是雄『**レポートの組み立て方**』筑摩書房、一九九〇　＊文科系学生・社会人のための文章表現、レポートの書き方の技術書。

倉澤栄吉『**倉澤栄吉国語教育全集**』（全十二巻・別巻一）角川書店、一九八七　＊国語教育理論の発想の宝庫。

桑原隆『**言語生活者を育てる―言語生活論＆ホール・ランゲージの地平**』東洋館出版社、一九九六　＊言語生活を基礎にしたわかりやすい国語教育理論。子どもの言語生活を視野に入れた授業づくりを主張。

香西秀信『**議論の技を学ぶ論法集**』明治図書出版、一九九六　＊レトリック・議論に関するおもしろくてためになる基礎的文献。

河野順子・国語教育湧水の会『**入門期の説明的文章の授業改革**』明治図書出版、二〇〇八　＊小学一年生の世界・論理に関する概念的知識と技能を育てる実践と理論。

国語教育実践理論研究会『**読解力再考　すべての子どもに読む喜びを―PISAの前にあること**』明治図書出版、二〇〇七　＊時流に流されず、不易の内容を押さえた「読むこと」のあるべき姿を提案している。具体的実践例を通しての提案であり、わかりやすい。

小森陽一『**小森陽一　ニホン語に出会う**』大修館書店、二〇〇〇　＊日本語と教育の本質を学ぶきっかけとなる。

斉藤喜博『**授業**』国土社、一九九〇（原著は一九六七）　＊授業とはどのような営みか、教師とはどうあるべきかについて熱く語られている。

佐伯胖『**「わかり方」の探究**』小学館、二〇〇四　＊思索と行動の原理としての「わかる」ということを取り上げて授業改革のあり方を示唆した本。

佐渡島紗織・吉野亜矢子『**これから研究を書くひとのた**

めのガイドブック―ライティングの挑戦15週間』ひつじ書房、二〇〇八　＊学生が研究を進めながらレポートや論文を執筆する助けとなる。

澤本和子監修、国語教育実践理論会編『新提案　教材再研究―循環し発展する教材研究』東洋館出版社、二〇一一　＊事前の教材研究法と実践しながら教材を再研究する必要性と具体を示した著書。

澤本和子・授業リフレクション研究会『国語科授業研究の展開』東洋館出版、二〇一六　＊授業リフレクションの理論と実践を論じている書籍。

澤本和子・益地憲一監修、国語教育実践理論会編『〈書く〉で学びを育てる―授業を変える言語活動構造図』東洋館出版社、二〇一四　＊国語科の学習指導に「書く」ことを位置づけることの意義について論じ実践を紹介した著書。

渋谷孝『説明的文章の教材本質論』明治図書出版、一九八四　＊説明的文章教材の学習指導研究を研究ならしめた筆者の著作。

ジャンニ・ロダーリ、窪田富男訳『ファンタジーの文法』筑摩書房、一九九〇　＊想像力を養う方法について書かれている本。

全国大学書写書道教育学会編『明解　書写教育』萱原書房、二〇〇九　＊これからの書写指導を考えるにあたっての基本図書。

高木まさき『「他者」を発見する国語の授業』大修館書店、二〇〇一　＊他者をキーワードにした国語教育論の再構築を目指す意欲的な論考。

高橋俊三『なんとユーモア』文教書院、一九八七　＊教育に大切なのはユーモア。頭を軟らかくするためにも推薦の書。

武田常夫『イメージを育てる文学の授業』国土社、一九九二　＊学習者とともに学ぶ国語教室のあり方が、筆者の誠実な語りに示唆されている。

立花隆『ぼくはこんな本を読んできた』文藝春秋、一九九五　＊学ぶとはどういうことか、調べるとはどういうことかの基本が書かれている。読書論としても面白い。

田中耕治編『よくわかる教育評価』ミネルヴァ書房、二〇〇九　＊教育評価の基本がまとめられており参考文献も豊富に示されている。

塚田泰彦・池上幸治『語彙指導の革新と実践的課題』明

治図書出版、一九九八　＊語彙指導研究における理論や実践がわかりやすく整理されている。

長崎伸仁『**表現力を鍛える説明文の授業**』明治図書出版、二〇〇八　＊説明的な文章の読解だけで終わらず表現までさせる学習を提案。

中田基昭『**授業の現象学**』東京大学出版会、一九九三　＊授業における教師の生き方、学習者とのかかわり方について深い考察がある。

中西一弘『**文学言語を読む**』①②、明治図書出版、一九九七　＊「ごんぎつね」などの具体的な文学教材を取り上げて、表現技術の観点から読むことの試案を提案している。教材研究、授業構築に多くの示唆を与える。

波瀬満子・谷川俊太郎『**アラマ、あいうえお！**』太郎次郎社、一九九六　＊ことばを発する楽しさは、国語の授業の根幹。

奈良県国語教育実践研究会編『**課題条件による作文指導　小学校編**』明治図書出版、一九九〇　＊自ら書く力をつける作文指導の年間計画と題材例、指導事例の実践書。

西尾実『**国語教育学序説**』筑摩書房、一九五七　＊国語教育におけることばとは何かについて、その基本哲学を示唆している。

西尾実『**西尾実国語教育全集**』（全十巻・別巻二）教育出版、一九七四〜一九八〇　＊国語教育理論の心の故郷。

日本国語教育学会監修、今村久二・中村和弘編著『**語彙―言葉を広げる**』東洋館出版社、二〇一七　＊語彙指導の理論と実践をわかりやすく解説している。

野地潤家『**国語科授業論**』溪水社、一九七六　＊国語科授業のあり方、教師の姿勢について誠実な文体で説かれている。

萩中奈穂美『**「説明表現能力」育成のための学習指導論**』溪水社、二〇一七　＊説明する能力育成のためのステップと指導を詳細に論じた著書。

平田オリザ『**わかりあえないことから―コミュニケーション能力とは何か**』講談社、二〇一二　＊今日的な視座からコミュニケーションを問う。

藤井圀彦・澤本和子『**ことばの力をつける入門期の学習指導**』東洋館出版社、一九九四　＊入門期における作文指導の実践書。

藤岡信勝『**教材づくりの発想**』日本書籍、一九九一
　＊教材づくりのあり方をとらえる上で重要な方向性が示されている。

文化庁編『**常用漢字表の字体・字形に関する指針**』三省堂、二〇一六　＊漢字の字体の許容について、詳しく説明している。

細川太輔『**国語科教師の学び合いによる実践的力量形成の研究―協働学習的アクション・リサーチの提案**』ひつじ書房、二〇一三　＊フレームの変容について理論と実践を論じている書籍。

益地憲一監修、こまくさ会編著『**読む力をつける授業づくり**』東洋館出版社、二〇一六　＊教材分析の具体と実践記録から授業づくりの要素について学ぶことができる。

益地憲一『**国語科指導と評価の探究**』溪水社、二〇〇二
　＊授業実践に基づき、国語教育における評価の意義や授業のあり方などが示されている。

増田信一『**音声言語教育実践史研究**』学芸図書、一九九四　＊明日の実践への示唆が得られる音声言語教育の史的研究。

松岡享子『**たのしいお話　お話を語る**』日本エディタースクール出版部、一九九四　＊語りの本。音声言語教育について多くのことを学ぶことができる。

巳野欣一監修、奈良県国語教育研究協議会編『**音声言語授業の年間計画と展開　小学校編**』明治図書出版、一九九七　＊創意工夫のある授業による系統的指導の提唱。

森岡健二・永野賢『**作文講座**』（一～五巻）明治書院、一九六八　＊作文教育の理論・歴史、文章を書く原理、評価などを解説する理論書。

森田信義『**筆者の工夫を評価する説明的文章の指導**』明治図書出版、一九八九　＊説明的文章教材の学習指導研究、ことに批判的な読みの学習指導に関する文献。

山中恒『**ぼくがぼくであること**』岩波書店、二〇〇一
　＊児童文学。子どものアイデンティティーと人間関係を考えさせてくれる本。

吉川芳則『**小学校説明的文章の学習指導過程をつくる**』明治図書出版、二〇〇二　＊学習者側の関心や意欲を重視しながら確かな力を付けるプロセスを説明。

吉崎静夫『**デザイナーとしての教師　アクターとしての**

教師』金子書房、一九九七　＊授業を行う教師としての研究入門書として参考になる。

吉永幸司編著『**子どもが喜び基礎力が育つ短作文の指導事例集**』明治図書出版、一九九三　＊各学年の作文指導年間計画と題材例、指導事例の実践書。

若き認知心理学者の会『**認知心理学者教育評価を語る**』北大路書房、一九九六　＊認知心理学の視点からの評価について深い洞察。

●国語教育の学習の基本となる辞典類

国語教育研究所編『**国語教育研究大辞典**』明治図書出版、一九九一

国語教育研究所編『**作文技術指導大事典**』明治図書出版、一九九六

高橋俊三『**音声言語指導大事典**』明治図書出版、一九九九

田近洵一・井上尚美編『**新訂　国語教育指導用語辞典**』教育出版、一九九三

日本国語教育学会編『**国語教育辞典**』朝倉書店、二〇〇一

平成二九年版　小学校学習指導要領

第2章　各　教　科
第1節　国　　語

第1　目　標

言葉による見方・考え方を働かせ、言語活動を通して、国語で正確に理解し適切に表現する資質・能力を次のとおり育成することを目指す。

(1)　日常生活に必要な国語について、その特質を理解し適切に使うことができるようにする。
(2)　日常生活における人との関わりの中で伝え合う力を高め、思考力や想像力を養う。
(3)　言葉がもつよさを認識するとともに、言語感覚を養い、国語の大切さを自覚し、国語を尊重してその能力の向上を図る態度を養う。

第2　各学年の目標及び内容

〔第1学年及び第2学年〕

1　目　標

(1)　日常生活に必要な国語の知識や技能を身に付けるとともに、我が国の言語文化に親しんだり理解したりすることができるようにする。
(2)　順序立てて考える力や感じたり想像したりする力を養い、日常生活における人との関わりの中で伝え合う力を高め、自分の思いや考えをもつことができるようにする。
(3)　言葉がもつよさを感じるとともに、楽しんで読書をし、国語を大切にして、思いや考えを伝え合おうとする態度を養う。

2　内　容

〔知識及び技能〕

(1)　言葉の特徴や使い方に関する次の事項を身に付けることができるよう指導する。
ア　言葉には、事物の内容を表す働きや、経験したことを伝える働きがあることに気付くこと。
イ　音節と文字との関係、アクセントによる語の意味の違いなどに気付くとともに、姿勢や口形、発声や発音に注意して話すこと。
ウ　長音、拗《よう》音、促音、撥《はつ》音などの表記、助詞の「は」、「へ」及び「を」の使い方、句読点の打ち方、かぎ（「　」）の使い方を理解して文や文章の中で使うこと。また、平仮名及び片仮名を読み、書くとともに、片仮名で書く語の種類を知り、文や文章の中で使うこと。
エ　第1学年においては、別表の学年別漢字配当表

（以下「学年別漢字配当表」という。）の第1学年に配当されている漢字を読み、漸次書き、文や文章の中で使うこと。第2学年においては、学年別漢字配当表の第2学年までに配当されている漢字を読むこと。また、第1学年に配当されている漢字を書き、文や文章の中で使うとともに、第2学年に配当されている漢字を漸次書き、文や文章の中で使うこと。

オ　身近なことを表す語句の量を増し、話や文章の中で使うとともに、言葉には意味による語句のまとまりがあることに気付き、語彙を豊かにすること。

カ　文の中における主語と述語との関係に気付くこと。

キ　丁寧な言葉と普通の言葉との違いに気を付けて使うとともに、敬体で書かれた文章に慣れること。

ク　語のまとまりや言葉の響きなどに気を付けて音読すること。

(2)　話や文章に含まれている情報の扱い方に関する次の事項を身に付けることができるよう指導する。

ア　共通、相違、事柄の順序など情報と情報との関係について理解すること。

(3)　我が国の言語文化に関する次の事項を身に付けることができるよう指導する。

ア　昔話や神話・伝承などの読み聞かせを聞くなどして、我が国の伝統的な言語文化に親しむこと。

イ　長く親しまれている言葉遊びを通して、言葉の豊かさに気付くこと。

ウ　書写に関する次の事項を理解し使うこと。

(ア)　姿勢や筆記具の持ち方を正しくして書くこと。

(イ)　点画の書き方や文字の形に注意しながら、筆順に従って丁寧に書くこと。

(ウ)　点画相互の接し方や交わり方、長短や方向などに注意して、文字を正しく書くこと。

エ　読書に親しみ、いろいろな本があることを知ること。

〔思考力、判断力、表現力等〕

A　話すこと・聞くこと

(1)　話すこと・聞くことに関する次の事項を身に付けることができるよう指導する。

ア　身近なことや経験したことなどから話題を決め、伝え合うために必要な事柄を選ぶこと。

イ　相手に伝わるように、行動したことや経験したことに基づいて、話す事柄の順序を考えること。

ウ　伝えたい事柄や相手に応じて、声の大きさや速さなどを工夫すること。

エ　話し手が知らせたいことや自分が聞きたいことを落とさないように集中して聞き、話の内容を捉えて感想をもつこと。

オ　互いの話に関心をもち、相手の発言を受けて話をつなぐこと。

(2)　(1)に示す事項については、例えば、次のような言語活動を通して指導するものとする。

ア　紹介や説明、報告など伝えたいことを話したり、それらを聞いて声に出して確かめたり感想を述べたりする活動。

イ　尋ねたり応答したりするなどして、少人数で話し合う活動。

B　書くこと

(1)　書くことに関する次の事項を身に付けることができるよう指導する。

ア　経験したことや想像したことなどから書くことを見付け、必要な事柄を集めたり確かめたりして、伝えたいことを明確にすること。

イ　自分の思いや考えが明確になるように、事柄の順序に沿って簡単な構成を考えること。

ウ　語と語や文と文との続き方に注意しながら、内容のまとまりが分かるように書き表し方を工夫すること。

エ　文章を読み返す習慣を付けるとともに、間違いを正したり、語と語や文と文との続き方を確かめたりすること。

オ　文章に対する感想を伝え合い、自分の文章の内容や表現のよいところを見付けること。

(2)　(1)に示す事項については、例えば、次のような言語活動を通して指導するものとする。

ア　身近なことや経験したことを報告したり、観察したことを記録したりするなど、見聞きしたことを書く活動。

イ　日記や手紙を書くなど、思ったことや伝えたいことを書く活動。

ウ　簡単な物語をつくるなど、感じたことや想像したことを書く活動。

C　読むこと

(1)　読むことに関する次の事項を身に付けることができるよう指導する。

ア　時間的な順序や事柄の順序などを考えながら、内容の大体を捉えること。

イ　場面の様子や登場人物の行動など、内容の大体を捉えること。

ウ　文章の中の重要な語や文を考えて選び出すこと。

エ　場面の様子に着目して、登場人物の行動を具体的に想像すること。

オ　文章の内容と自分の体験とを結び付けて、感想をもつこと。

カ　文章を読んで感じたことや分かったことを共有すること。

(2)　(1)に示す事項については、例えば、次のような言語活動を通して指導するものとする。

ア　事物の仕組みを説明した文章などを読み、分かったことや考えたことを述べる活動。

イ　読み聞かせを聞いたり物語などを読んだりして、内容や感想などを伝え合ったり、演じたりする活動。

ウ　学校図書館などを利用し、図鑑や科学的なことについて書いた本などを読み、分かったことなどを説明する活動。

〔第3学年及び第4学年〕

1　目　標

(1)　日常生活に必要な国語の知識や技能を身に付けるとともに、我が国の言語文化に親しんだり理解したりすることができるようにする。

(2)　筋道立てて考える力や豊かに感じたり想像したりする力を養い、日常生活における人との関わりの中で伝え合う力を高め、自分の思いや考えをまとめることができるようにする。

(3)　言葉がもつよさに気付くとともに、幅広く読書をし、国語を大切にして、思いや考えを伝え合おうとする態度を養う。

2　内　容

〔知識及び技能〕

(1)　言葉の特徴や使い方に関する次の事項を身に付けることができるよう指導する。

ア　言葉には、考えたことや思ったことを表す働きがあることに気付くこと。

イ　相手を見て話したり聞いたりするとともに、言葉の抑揚や強弱、間の取り方などに注意して話すこと。

ウ　漢字と仮名を用いた表記、送り仮名の付け方、改行の仕方を理解して文や文章の中で使うとともに、句読点を適切に打つこと。また、第3学年においては、日常使われている簡単な単語について、ローマ字で表記されたものを読み、ローマ字で書くこと。

エ　第3学年及び第4学年の各学年においては、学年別漢字配当表の当該学年までに配当されている漢字を読むこと。また、当該学年の前の学年までに配当されている漢字を書き、文や文章の中で使うとともに、当該学年に配当されている漢字を漸次書き、文や文章の中で使うこと。

オ　様子や行動、気持ちや性格を表す語句の量を増し、話や文章の中で使うとともに、言葉には性質や役割による語句のまとまりがあることを理解し、語彙を豊かにすること。

カ　主語と述語との関係、修飾と被修飾との関係、指示する語句と接続する語句の役割、段落の役割について理解すること。
キ　丁寧な言葉を使うとともに、敬体と常体との違いに注意しながら書くこと。
ク　文章全体の構成や内容の大体を意識しながら音読すること。
(2)　話や文章に含まれている情報の扱い方に関する次の事項を身に付けることができるよう指導する。
ア　考えとそれを支える理由や事例、全体と中心など情報と情報との関係について理解すること。
イ　比較や分類の仕方、必要な語句などの書き留め方、引用の仕方や出典の示し方、辞書や事典の使い方を理解し使うこと。
(3)　我が国の言語文化に関する次の事項を身に付けることができるよう指導する。
ア　易しい文語調の短歌や俳句を音読したり暗唱したりするなどして、言葉の響きやリズムに親しむこと。
イ　長い間使われてきたことわざや慣用句、故事成語などの意味を知り、使うこと。
ウ　漢字が、へんやつくりなどから構成されていることについて理解すること。
エ　書写に関する次の事項を理解し使うこと。
(ア)　文字の組立て方を理解し、形を整えて書くこと。
(イ)　漢字や仮名の大きさ、配列に注意して書くこと。
(ウ)　毛筆を使用して点画の書き方への理解を深め、筆圧などに注意して書くこと。
オ　幅広く読書に親しみ、読書が、必要な知識や情報を得ることに役立つことに気付くこと。

〔思考力、判断力、表現力等〕

A　話すこと・聞くこと
(1)　話すこと・聞くことに関する次の事項を身に付けることができるよう指導する。
ア　目的を意識して、日常生活の中から話題を決め、集めた材料を比較したり分類したりして、伝え合うために必要な事柄を選ぶこと。
イ　相手に伝わるように、理由や事例などを挙げながら、話の中心が明確になるよう話の構成を考えること。
ウ　話の中心や話す場面を意識して、言葉の抑揚や強弱、間の取り方などを工夫すること。
エ　必要なことを記録したり質問したりしながら聞き、話し手が伝えたいことや自分が聞きたいことの中心を捉え、自分の考えをもつこと。
オ　目的や進め方を確認し、司会などの役割を果たしながら話し合い、互いの意見の共通点や相違点に着目して、考えをまとめること。

(2) (1)に示す事項については、例えば、次のような言語活動を通して指導するものとする。

ア 説明や報告など調べたことを話したり、それらを聞いたりする活動。

イ 質問するなどして情報を集めたり、それらを発表したりする活動。

ウ 互いの考えを伝えるなどして、グループや学級全体で話し合う活動。

B 書くこと

(1) 書くことに関する次の事項を身に付けることができるよう指導する。

ア 相手や目的を意識して、経験したことや想像したことなどから書くことを選び、集めた材料を比較したり分類したりして、伝えたいことを明確にすること。

イ 書く内容の中心を明確にし、内容のまとまりで段落をつくったり、段落相互の関係に注意したりして、文章の構成を考えること。

ウ 自分の考えとそれを支える理由や事例との関係を明確にして、書き表し方を工夫すること。

エ 間違いを正したり、相手や目的を意識した表現になっているかを確かめたりして、文や文章を整えること。

オ 書こうとしたことが明確になっているかなど、文章に対する感想や意見を伝え合い、自分の文章のよいところを見付けること。

(2) (1)に示す事項については、例えば、次のような言語活動を通して指導するものとする。

ア 調べたことをまとめて報告するなど、事実やそれを基に考えたことを書く活動。

イ 行事の案内やお礼の文章を書くなど、伝えたいことを手紙に書く活動。

ウ 詩や物語をつくるなど、感じたことや想像したことを書く活動。

C 読むこと

(1) 読むことに関する次の事項を身に付けることができるよう指導する。

ア 段落相互の関係に着目しながら、考えとそれを支える理由や事例との関係などについて、叙述を基に捉えること。

イ 登場人物の行動や気持ちなどについて、叙述を基に捉えること。

ウ 目的を意識して、中心となる語や文を見付けて要約すること。

エ 登場人物の気持ちの変化や性格、情景について、場面の移り変わりと結び付けて具体的に想像すること。
オ　文章を読んで理解したことに基づいて、感想や考えをもつこと。
カ　文章を読んで感じたことや考えたことを共有し、一人一人の感じ方などに違いがあることに気付くこと。

(2)　(1)に示す事項については、例えば、次のような言語活動を通して指導するものとする。
ア　記録や報告などの文章を読み、文章の一部を引用して、分かったことや考えたことを説明したり、意見を述べたりする活動。
イ　詩や物語などを読み、内容を説明したり、考えたことなどを伝え合ったりする活動。
ウ　学校図書館などを利用し、事典や図鑑などから情報を得て、分かったことなどをまとめて説明する活動。

〔第5学年及び第6学年〕

1　目　標

(1)　日常生活に必要な国語の知識や技能を身に付けるとともに、我が国の言語文化に親しんだり理解したりすることができるようにする。
(2)　筋道立てて考える力や豊かに感じたり想像したりする力を養い、日常生活における人との関わりの中で伝え合う力を高め、自分の思いや考えを広げることができるようにする。
(3)　言葉がもつよさを認識するとともに、進んで読書をし、国語の大切さを自覚して、思いや考えを伝え合おうとする態度を養う。

2　内　容

〔知識及び技能〕

(1)　言葉の特徴や使い方に関する次の事項を身に付けることができるよう指導する。
ア　言葉には、相手とのつながりをつくる働きがあることに気付くこと。
イ　話し言葉と書き言葉との違いに気付くこと。
ウ　文や文章の中で漢字と仮名を適切に使い分けるとともに、送り仮名や仮名遣いに注意して正しく書くこと。
エ　第5学年及び第6学年の各学年においては、学年別漢字配当表の当該学年までに配当されている漢字を読むこと。また、当該学年の前の学年までに配当されている漢字を書き、文や文章の中で使うとともに、当該学年に配当されている漢字を漸次書き、文や文章の中で使うこと。
オ　思考に関わる語句の量を増し、話や文章の中で使うとともに、語句と語句との関係、語句の構成や変化について理解し、語彙を豊かにすること。また、語感や言葉の使い方に対する感覚を意識して、語や語句を使うこと。

カ　文の中での語句の係り方や語順、文と文との接続の関係、話や文章の構成や展開、話や文章の種類とその特徴について理解すること。

キ　日常よく使われる敬語を理解し使い慣れること。

ク　比喩や反復などの表現の工夫に気付くこと。

ケ　文章を音読したり朗読したりすること。

(2) 話や文章に含まれている情報の扱い方に関する次の事項を身に付けることができるよう指導する。

ア　原因と結果など情報と情報との関係について理解すること。

イ　情報と情報との関係付けの仕方、図などによる語句と語句との関係の表し方を理解し使うこと。

(3) 我が国の言語文化に関する次の事項を身に付けることができるよう指導する。

ア　親しみやすい古文や漢文、近代以降の文語調の文章を音読するなどして、言葉の響きやリズムに親しむこと。

イ　古典について解説した文章を読んだり作品の内容の大体を知ったりすることを通して、昔の人のものの見方や感じ方を知ること。

ウ　語句の由来などに関心をもつとともに、時間の経過による言葉の変化や世代による言葉の違いに気付き、共通語と方言との違いを理解すること。また、仮名及び漢字の由来、特質などについて理解すること。

エ　書写に関する次の事項を理解し使うこと。

(ア) 用紙全体との関係に注意して、文字の大きさや配列などを決めるとともに、書く速さを意識して書くこと。

(イ) 毛筆を使用して、穂先の動きと点画のつながりを意識して書くこと。

(ウ) 目的に応じて使用する筆記具を選び、その特徴を生かして書くこと。

オ　日常的に読書に親しみ、読書が、自分の考えを広げることに役立つことに気付くこと。

〔思考力、判断力、表現力等〕

A　話すこと・聞くこと

(1) 話すこと・聞くことに関する次の事項を身に付けることができるよう指導する。

ア　目的や意図に応じて、日常生活の中から話題を決め、集めた材料を分類したり関係付けたりして、伝え合う内容を検討すること。

イ　話の内容が明確になるように、事実と感想、意見とを区別するなど，話の構成を考えること。
ウ　資料を活用するなどして，自分の考えが伝わるように表現を工夫すること。
エ　話し手の目的や自分が聞こうとする意図に応じて，話の内容を捉え，話し手の考えと比較しながら，自分の考えをまとめること。
オ　互いの立場や意図を明確にしながら計画的に話し合い，考えを広げたりまとめたりすること。
(2)　(1)に示す事項については，例えば，次のような言語活動を通して指導するものとする。
ア　意見や提案など自分の考えを話したり，それらを聞いたりする活動。
イ　インタビューなどをして必要な情報を集めたり，それらを発表したりする活動。
ウ　それぞれの立場から考えを伝えるなどして話し合う活動。

B　書くこと
(1)　書くことに関する次の事項を身に付けることができるよう指導する。
ア　目的や意図に応じて，感じたことや考えたことなどから書くことを選び，集めた材料を分類したり関係付けたりして，伝えたいことを明確にすること。
イ　筋道の通った文章となるように，文章全体の構成や展開を考えること。
ウ　目的や意図に応じて簡単に書いたり詳しく書いたりするとともに，事実と感想，意見とを区別して書いたりするなど，自分の考えが伝わるように書き表し方を工夫すること。
エ　引用したり，図表やグラフなどを用いたりして，自分の考えが伝わるように書き表し方を工夫すること。
オ　文章全体の構成や書き表し方などに着目して，文や文章を整えること。
カ　文章全体の構成や展開が明確になっているかなど，文章に対する感想や意見を伝え合い自分の文章のよいところを見付けること。
(2)　(1)に示す事項については，例えば，次のような言語活動を通して指導するものとする。
ア　事象を説明したり意見を述べたりするなど，考えたことや伝えたいことを書く活動。
イ　短歌や俳句をつくるなど，感じたことや想像したことを書く活動。
ウ　事実や経験を基に，感じたり考えたりしたことや自分にとっての意味について文章に書く活動。

C　読むこと
(1)　読むことに関する次の事項を身に付けることができ

るよう指導する。

ア　事実と感想、意見などとの関係を叙述を基に押さえ、文章全体の構成を捉えて要旨を把握すること。

イ　登場人物の相互関係や心情などについて、描写を基に捉えること。

ウ　目的に応じて、文章と図表などを結び付けるなどして必要な情報を見付けたり、論の進め方について考えたりすること。

エ　人物像や物語などの全体像を具体的に想像したり、表現の効果を考えたりすること。

オ　文章を読んで理解したことに基づいて、自分の考えをまとめること。

カ　文章を読んでまとめた意見や感想を共有し、自分の考えを広げること。

(2)　(1)に示す事項については、例えば、次のような言語活動を通して指導するものとする。

ア　説明や解説などの文章を比較するなどして読み、分かったことや考えたことを、話し合ったり文章にまとめたりする活動。

イ　詩や物語、伝記などを読み、内容を説明したり、自分の生き方などについて考えたことを伝え合ったりする活動。

ウ　学校図書館などを利用し、複数の本や新聞などを活用して、調べたり考えたりしたことを報告する活動。

第3　指導計画の作成と内容の取扱い

1　指導計画の作成に当たっては、次の事項に配慮するものとする。

(1)　単元など内容や時間のまとまりを見通して、その中で育む資質・能力の育成に向けて、児童の主体的・対話的で深い学びの実現を図るようにすること。その際、言葉による見方・考え方を働かせ、言語活動を通して、言葉の特徴や使い方などを理解し自分の思いや考えを深める学習の充実を図ること。

(2)　第2の各学年の内容の指導については、必要に応じて当該学年より前の学年において初歩的な形で取り上げたり、その後の学年で程度を高めて取り上げたりするなどして、弾力的に指導すること。

(3)　第2の各学年の内容の〔知識及び技能〕に示す事項については、〔思考力、判断力、表現力等〕に示す事項の指導を通して指導することを基本とし、必要に応じて、特定の事項だけを取り上げて指導したり、それらをまとめて指導したりするなど、指導の効果を高めるよう工夫すること。なお、その際、第1章総則の第2の3の(2)のウの(イ)に掲げる指導を行う場合には、当該指導のねらいを明確にするとともに，単元など内容や時間のまとまりを見通して資質・能力が偏りなく育成されるよう計画的に指導すること。

(4) 第２の各学年の内容の〔思考力，判断力，表現力等〕の「Ａ話すこと・聞くこと」に関する指導については，意図的，計画的に指導する機会が得られるように，第１学年及び第２学年では年間35単位時間程度，第３学年及び第４学年では年間30単位時間程度，第５学年及び第６学年では年間25単位時間程度を配当すること。その際，音声言語のための教材を活用するなどして指導の効果を高めるよう工夫すること。

(5) 第２の各学年の内容の〔思考力，判断力，表現力等〕の「Ｂ書くこと」に関する指導については，第１学年及び第２学年では年間１００単位時間程度，第３学年及び第４学年では年間85単位時間程度，第５学年及び第６学年では年間55単位時間程度を配当すること。その際，実際に文章を書く活動をなるべく多くすること。

(6) 第２の第１学年及び第２学年の内容の〔知識及び技能〕の(3)のエ，第３学年及び第４学年，第５学年及び第６学年の内容の〔知識及び技能〕の(3)のオ及び各学年の内容の〔思考力，判断力，表現力等〕の「Ｃ読むこと」に関する指導については，読書意欲を高め，日常生活において読書活動を活発に行うようにするとともに，他教科等の学習における読書の指導や学校図書館における指導との関連を考えて行うこと。

(7) 低学年においては，第１章総則の第２の４の(1)を踏まえ，他教科等との関連を積極的に図り，指導の効果を高めるようにするとともに，幼稚園教育要領等に示す幼児期の終わりまでに育ってほしい姿との関連を考慮すること。特に，小学校入学当初においては，生活科を中心とした合科的・関連的な指導や，弾力的な時間割の設定を行うなどの工夫をすること。

(8) 言語能力の向上を図る観点から，外国語活動及び外国語科など他教科等との関連を積極的に図り，指導の効果を高めるようにすること。

(9) 障害のある児童などについては，学習活動を行う場合に生じる困難さに応じた指導内容や指導方法の工夫を計画的，組織的に行うこと。

(10) 第１章総則の第１の２の(2)に示す道徳教育の目標に基づき，道徳科などとの関連を考慮しながら，第３章特別の教科道徳の第２に示す内容について，国語科の特質に応じて適切な指導をすること。

2 第２の内容の取扱いについては，次の事項に配慮するものとする。

(1) 〔知識及び技能〕に示す事項については，次のとおり取り扱うこと。

ア　日常の言語活動を振り返ることなどを通して、児童が、実際に話したり聞いたり書いたり読んだりする場面を意識できるよう指導を工夫すること。

イ　表現したり理解したりするために必要な文字や語句については、辞書や事典を利用して調べる活動を取り入れるなど、調べる習慣が身に付くようにすること。

ウ　第3学年におけるローマ字の指導に当たっては、第5章総合的な学習の時間の第3の2の(3)に示す、コンピュータで文字を入力するなどの学習の基盤として必要となる情報手段の基本的な操作を習得し、児童が情報や情報手段を主体的に選択し活用できるよう配慮することとの関連が図られるようにすること。

エ　漢字の指導については、第2の内容に定めるほか、次のとおり取り扱うこと。

(ア)　学年ごとに配当されている漢字は、児童の学習負担に配慮しつつ、必要に応じて、当該学年以前の学年又は当該学年以降の学年において指導することもできること。

(イ)　当該学年より後の学年に配当されている漢字及びそれ以外の漢字については、振り仮名を付けるなど、児童の学習負担に配慮しつつ提示することができること。

(ウ)　他教科等の学習において必要となる漢字については、当該教科等と関連付けて指導するなど、その確実な定着が図られるよう指導を工夫すること。

(エ)　漢字の指導においては、学年別漢字配当表に示す漢字の字体を標準とすること。

オ　各学年の(3)のア及びイに関する指導については、各学年で行い、古典に親しめるよう配慮すること。

カ　書写の指導については、第二の内容に定めるほか、次のとおり取り扱うこと。

(ア)　文字を正しく整えて書くことができるようにするとともに、書写の能力を学習や生活に役立てる態度を育てるよう配慮すること。

(イ)　硬筆を使用する書写の指導は各学年で行うこと。

(ウ)　毛筆を使用する書写の指導は第3学年以上の各学年で行い、各学年年間30単位時間程度を配当するとともに、毛筆を使用する書写の指導は硬筆による書写の能力の基礎を養うよう指導すること。

(エ)　第1学年及び第2学年の(3)のウの(イ)の指導については、適切に運筆する能力の向上につながるよう、指導を工夫すること。

(2)　第2の内容の指導に当たっては、児童がコンピュータや情報通信ネットワークを積極的に活用する機会を設けるなどして、指導の効果を高めるよう工夫すること。

(3) 第2の内容の指導に当たっては、学校図書館などを目的をもって計画的に利用しその機能の活用を図るようにすること。その際、本などの種類や配置、探し方について指導するなど、児童が必要な本などを選ぶことができるよう配慮すること。なお、児童が読む図書については、人間形成のため偏りがないよう配慮して選定すること。

3 教材については、次の事項に留意するものとする。

(1) 教材は、第2の各学年の目標及び内容に示す資質・能力を偏りなく養うことや読書に親しむ態度の育成を通して読書習慣を形成することをねらいとし、児童の発達の段階に即して適切な話題や題材を精選して調和的に取り上げること。また、第2の各学年の内容の〔思考力、判断力、表現力等〕の「A話すこと・聞くこと」、「B書くこと」及び「C読むこと」のそれぞれの(2)に掲げる言語活動が十分行われるよう教材を選定すること。

(2) 教材は、次のような観点に配慮して取り上げること。

ア 国語に対する関心を高め、国語を尊重する態度を育てるのに役立つこと。

イ 伝え合う力、思考力や想像力及び言語感覚を養うのに役立つこと。

ウ 公正かつ適切に判断する能力や態度を育てるのに役立つこと。

エ 科学的、論理的に物事を捉え考察し、視野を広げるのに役立つこと。

オ 生活を明るくし、強く正しく生きる意志を育てるのに役立つこと。

カ 生命を尊重し、他人を思いやる心を育てるのに役立つこと。

キ 自然を愛し、美しいものに感動する心を育てるのに役立つこと。

ク 我が国の伝統と文化に対する理解と愛情を育てるのに役立つこと。

ケ 日本人としての自覚をもって国を愛し、国家、社会の発展を願う態度を育てるのに役立つこと。

コ 世界の風土や文化などを理解し、国際協調の精神を養うのに役立つこと。

(3) 第2の各学年の内容の〔思考力、判断力、表現力等〕の「C読むこと」の教材については、各学年で説明的な文章や文学的な文章などの文章形態を調和的に取り扱うこと。また、説明的な文章については、適宜、図表や写真などを含むものを取り上げること。

学年別漢字配当表

【第一学年】
一右雨円王音下火花貝学気九
休玉金空月犬見五口校左三山
子四糸字耳七車手十出女小上
森人水正生青夕石赤千川先早
草足村大男竹中虫町天田土二
日入年白八百文木本名目立力
林六（八〇字）

【第二学年】
引羽雲園遠何科夏家歌画回会
海絵外角楽活間丸岩顔汽記帰
弓牛魚京強教近兄形計元言原
戸古午後語工公広交光考行高
黄合谷国黒今才細作算止市矢
姉思紙寺自時室社弱首秋週春
書少場色食心新親図数西声星
晴切雪船線前組走多太体台地
池知茶昼長鳥朝直通弟店点電
刀冬当東答頭同道読内南肉馬
売買麦半番父風分聞米歩母方
北毎妹万明鳴毛門夜野友用曜
来里理話（一六〇字）

【第三学年】
悪安暗医委意育員院飲運泳駅
央横屋温化荷界開階寒感漢館
岸起期客究急級宮球去橋業曲
局銀区苦具君係軽血決研県庫
湖向幸港号根祭皿仕死使始指
歯詩次事持式実写者主守取酒
受州拾終習集住重宿所暑助昭
消商章勝乗植申身神真深進世
整昔全相送想息速族他打対待
代第題炭短談着注柱丁帳調追
定庭笛鉄転都度投豆島湯登等
動童農波配倍箱畑発反坂板皮
悲美鼻筆氷表秒病品負部服福
物平返勉放味命面問役薬由油
有遊予羊洋葉陽様落流旅両緑
礼列練路和（二〇〇字）

【第四学年】
愛案以衣位茨印英栄媛塩岡億
加果貨課芽賀改械害街各覚潟
完官管関観願岐希季旗器機議

求泣給挙漁共協鏡競極熊訓軍
郡群径景芸欠結建健験固功好
香候康佐差菜最埼材崎昨札刷
察参産散残氏司試児治滋辞鹿
失借種周祝順初松笑唱焼照城
縄臣信井成省清静席積折節説
浅戦選然争倉巣束側続卒孫帯
隊達単置仲沖兆低底的典伝徒
努灯働特徳栃奈梨熱念敗梅博
阪飯飛必票標不夫付府阜富副
兵別辺変便包法望牧末満未民
無約勇要養浴利陸良料量輪類
令冷例連老労録　（二〇二字）

【第五学年】

圧囲移因永営衛易益液演応往
桜可仮価河過快解格確額刊幹
慣眼紀基寄規喜技義逆久旧救
居許境均禁句型経潔件険検限
現減故個護効厚耕航鉱構興講
告混査再災妻採際在財罪殺雑
酸賛士支史志枝師資飼示似識
質舎謝授修述術準序招証象賞
条状常情織職制性政勢精製税
責績接設絶祖素総造像増則測
属率損貸態団断築貯張停提程
適統堂銅導得毒独任燃能破犯
判版比肥非費備評貧布婦武復
複仏粉編弁保墓報豊防貿暴脈
務夢迷綿輸余容略留領歴　（一九三字）

【第六学年】

胃異遺域宇映延沿恩我灰拡革
閣割株干巻看簡危机揮貴疑吸
供胸郷勤筋系敬警劇激穴券絹
権憲源厳己呼誤后孝皇紅降鋼
刻穀骨困砂座済裁策冊蚕至私
姿視詞誌磁射捨尺若樹収宗就
衆従縦縮熟純処署諸除承将傷
障蒸針仁垂推寸盛聖誠舌宣専
泉洗染銭善奏窓創装層操蔵臓
存尊退宅担探誕段暖値宙忠著
庁頂腸潮賃痛敵展討党糖届難
乳認納脳派拝背肺俳班晩否批
秘俵腹奮並陛閉片補暮宝訪亡
忘棒枚幕密盟模訳郵優預幼欲
翌乱卵覧裏律臨朗論　（一九一字）

戦後国語科教育略年表

（作成　益地憲一・阿部藤子）

西暦	和暦	教育・国語教育関係事項	思潮・キーワード
一九四五	昭和20	○文部省「新日本建設の教育方針」発表　○墨ぬり教科書使用	
一九四六	21	○米国教育使節団報告書　○文部省「新教育指針」公示　○国語審議会設置　○日本国憲法公布　○当用漢字・現代かなづかい告示	民主主義教育（経験主義・生活主義）
一九四七	22	○学習指導要領国語科編（試案）発表　○「国語の力」再稿（垣内松三）　○「言葉とその文化」（西尾実）　○こくごの学習指導（輿水実他）	言語生活
一九四八	23	○国立国語研究所設置　○「国語学習指導の方法」（倉澤栄吉）　○「国語のコース・オブ・スタディ」（輿水実）	カリキュラム・ガイダンス
一九四九	24	○検定教科書使用開始　○国立教育研究所設立　○「国語単元学習と評価法」（倉澤栄吉）　○「ローマ字教授法の理論」（鬼頭礼蔵）	単元
一九五〇	25	○日本綴り方の会発足（翌年「日本作文の会」と改称）　○全国大学国語教育学会創立　○「言語教育と文学教育」（西尾実）　○「国語カリキュラムの基本問題」（増田三良）　○「日本文法口語編」（時枝誠記）	能力別学習指導
一九五一	26	○小学校学習指導要領国語科編（試案）発表　○「国語教育学の構想」（西尾実）　○「日本人の読み書き能力」（読み書き調査委員会）　○「新しい綴方教室」（国分一太郎）　○「山びこ学校」（無着成恭）	生活綴り方の復興 文学教育の提唱
一九五二	27	○中央教育審議会設置　○金子書房「生活綴方と作文教育」　○「話すことの教育」（山口喜一郎）　○「日本児童文章史」（西原慶一）	
一九五三	28	○国語審議会「ローマ字つづり方の単一化について」建議　○学校図書館法制度　○「国語教育実践講座」全九巻（牧書店）	基礎学力
一九五四	29	○日本国語教育学会結成　○文部省「単元学習理解のために」　○「国語教育の方法」（時枝誠記）　○「入門期の言語能力」（国立国語研究所）	個人差
一九五五	30	○小学校児童指導要録改訂（五段階評価導入）　○「生活綴方的教育方法」（小川太郎・国分一太郎）　○「毎日の国語教育」（藤原与一）	系統学習

一九五六	31	○文部省第一回全国学力調査(国語・算数)　○「読解指導」(倉澤栄吉)　○「書くことの教育」(西尾実)	教育漢字
一九五七	32	○文部省「漢字の学習指導に関する研究」　○「抵抗する作文教育」(上田庄三郎)　○「学校文法」(永野賢)	読解指導
一九五八	33	○小学校学習指導要領告示　○「教育基本語彙」(阪本一郎)	基礎学力　思考力
一九五九	34	○「送りがなのつけ方」告示　○雑誌「教育科学国語教育」創刊　○「学校文法文章論」(永野賢)　○「読解指導の原理と方法」(沖山光)	
一九六〇	35	○文部省「小学校ローマ字指導資料」　○「国語教育用語辞典」(輿水実)	
一九六一	36	○話しことばの会結成　○「第二信号系理論と国語教育」(波多野完治)	
一九六二	37	○教科書無償配布法　○「国語授業の研究」(東井義雄)　○「思考を言語」(ヴィゴツキー・柴田義松訳)　○「機能的国語教育」(中沢政雄)	プログラム学習　教育の科学化
一九六三	38	○文部省「書くことの学習指導」　○「文章構成法」(森岡健二)	コンポジション
一九六四	39	○「分類語彙表」「小学生の言語能力の発達」(共に国立国語研究所)	
一九六五	40	○中央教育審議会「期待される人間像」中間発表　○「国語教育方法論史」(飛田多喜雄)　○「国語スキル学習入門」(輿水実)　○「国語科の基本的指導過程」全五巻(輿水実)　○「文学の読解」(三枝康高)　○「日本の児童詩の歴史的展望」(弥吉菅一)	
一九六六	41	○「やさしい国語教室」(大村はま)　○「一読総合法入門」(児童言語研究会編)	
一九六七	42	○「条件作文と客観評価」(和多史雄)	
一九六八	43	○小学校学習指導要領告示	創造性　教育機器
一九六九	44	○「国語教育学原論」(平井昌夫)	
一九七〇	45	○「読解読書指導論」(滑川道夫)　○「国語教室の機微と創造」(古田拡)	授業研究
一九七一	46	○「書写指導事典」(藤原宏他)　○「作文指導事典」(井上敏夫他)	
一九七二	47	○「作文教育の探究」(野地潤家)　○「幼児の読み書き能力」(国立国語研究所)	
一九七三	48	○「当用漢字音訓表」「送り仮名の付け方」告示　○「文芸作品の主題の理論と指導」(蓑手重則)　○「説明的文章の指導過程論」(渋谷孝)	
一九七四	49	○「西尾実国語教育全集」　○「世界の作文教育」(野地潤家編)　○「国民教育通史」(野地潤家)　○「国語教育学史」(野地潤家)	

一九七五	50	○「独立講座国語科教育学大系」（輿水実）　○「波多野完治国語教育著作集」上下　○「近代国語教育論大系」全十五巻（井上・倉澤・野地・飛田・望月編）　○「言語行動主体の形成」（田近洵一）　○「作文指導論」（野地潤家）　○「西郷竹彦文芸教育著作集」全二〇巻	
一九七六	51	○「現代の読書指導」（滑川道夫）　○「作文・綴り方教育史資料」上下（野地潤家）　○「青木幹勇授業技術集成」　○国立国語研究所日本語教育センター発足　○「生活綴方」（中内敏夫）	ゆとりある教育と基本的事項の精選
一九七七	52	○小学校学習指導要領告示　○「言語論理教育への道　国語科における思考」（井上尚美）　○「自己変革に導く文学教育」（森本正一）　○「日本作文綴方教育史1明治編」（滑川道夫）　○「読書生活指導の実際」（大村はま）　○「幼児期の言語生活の実態1」（野地潤家）	日本語教育 言語教育としての国語教育　二領域一事項
一九七八	53	○「京都の国語教育」（京都の国語教育・到達度評価の実践編集委員会編）　○「児童の表現力と作文」（国立国語研究所）　○「ひとり学びを育てるノート・レポート学習」（齋藤喜門）　○「小学読本便覧1・2」（古田東朔編）　○「日本作文綴方教育史2大正編」（滑川道夫）	表現力重視 関連指導
一九七九	54	○「近代国語教育史」（高森邦明）	
一九八〇	55	○「話しことば教育史研究」（野地潤家）　○「短作文指導の方法―作文基礎力の完成―」（大西道雄）	
一九八一	56	○「常用漢字表」告示　○「国語科到達度評価の理論と方法」（水川隆夫）　○「増淵恒吉国語教育論集」全三巻　○「国語科の形成的評価入門」（瀬川栄志）　○「国語教育史資料」全六巻（倉澤・野地他編）　○雑誌「月刊国語教育」（東京法令）創刊	学力　評価
一九八二	57	○「読書感想の指導」（増田信一）　○「井上敏夫国語教育著作集」　○「大村はま国語教室」　○「日本語教育事典」（日本語教育学会）	読者論 自己教育力
一九八三	58	○「国語学力論と実践の課題」（全国大学国語教育学会）　○「芦田恵之助研究」全三巻（野地潤家）　○「近代国語教育論史」（石井庄司）　○「語彙指導の方法」（甲斐睦朗）　○「新しい詩教育の理論」（足立悦男）	教育技術の法則化
一九八四	59	○臨時教育審議会発足　○「時枝誠記国語教育論集」　○「国語教育方法論大系」全十巻（飛田多喜雄）　○「国語教育の記号論」（井関義久）　○「戦後作文教育史」（大内善一）　○「国語科評価論と実践の課題」（全国大学国語教育学会）	個別化・個性化
一九八五	60	○「形成的評価における国語科授業改革」（陣川桂三・梶田叡一編）　○「授業を変える音読のすすめ」（八戸音読研究の会）	

一九八六	61	○「国語科表現指導の研究」(中洌正堯)　○「説明文教材の授業改革論」(小田迪夫)　○「文章論と国語教育」(永野賢)　○「国語教育と読者論」(関口安義)　○「第三の書く―読むために書く書くために読む」(青木幹勇)	
一九八七	62	○臨時教育審議会第四次(最終)答申　○「倉澤栄吉国語教育全集」全一二巻　○「芦田恵之助国語教育全集」全二五巻	
一九八八	63	○「国語教育研究大辞典」(国語教育研究所)　○「児童生徒の常用漢字の習得」(国立国語研究所)　○「文学教育基本論文集」全四巻(西郷・濱本・足立編)	基礎学力
一九八九	平成1	○小学校学習指導要領告示　○「日本児童詩教育の歴史的研究」(弥吉菅一)　○「〈対話〉をひらく文学教育」(須貝千里)　○「入門『分析批評』の授業」(井関義久)	生涯学習
一九九〇	2	○「群読の指導」(高橋俊三)　○「課題条件法による作文指導」(奈良国語教育実践研究会)	ホール・ランゲージ
一九九一	3	○国語審議会答申「外来語の表記」　○「戦後国語教育問題史」(田近洵一)　○「大久保忠利著作選集」全五巻	
一九九二	4	○「ホール・ランゲージ」(桑原隆)　○「国語単元学習の新展開」全七巻(日本国語教育学会)　○「小学校文学教材への新視角」(森田信義)　○日本言語技術教育学会設立	
一九九三	5	○「国語学習学入門」(増田信一)　○「大村はま国語教室の探究」(野地潤家)　○「小学校国語指導資料新しい学力観に立つ国語科の学習創造」(文部省)　○「国語科評価の実践的探究」(益地憲一)　○「国語教育基本論文集成」全三〇巻(飛田・野地編)	
一九九四	6	○「講座　音声言語の授業」全五巻(高橋俊三)　○「音声言語教育実践史研究」(増田信一)	リテラシー
一九九五	7	○「『読者論』に立つ読みの指導」全四巻(田近・浜本・府川)	コミュニケーション
一九九六	8	○「作文技術指導大事典」(国語教育研究所)	
一九九七	9	○「読者論で国語の授業を見直す」(上谷順三郎)　○「読書教育実践史研究」(増田信一)　○「戦後国語授業研究論史」(須田実)　○「国語科新単元学習論」(濱本純逸)　○「市毛勝雄著作集」全五巻　○「国語科教師教育の課題」(全国大学国語教育学会)　○「音声言語授業の年間計画と展開　小学校編」(巳野欣一・奈良県国語教育研究協議会編)	伝え合う力 生きる力
一九九八	10	○小学校学習指導要領告示　○日本メディア学会発足	
一九九九	11	○「音声言語指導大事典」(高橋俊三編)	
二〇〇〇	12	○教育課程審議会答申「児童生徒の学習と教育課程の実施状況の評価の在り方について」	絶対評価

二〇〇一	13	○文部省、文部科学省に改組　○「メディア・リテラシーを育てる国語の授業」（井上尚美・中村敦夫編）　○「対話能力を育む話すこと・聞くことの学習―理論と実践」（村松賢一）	キーコンピテンシー
二〇〇四	16	○国立大学法人化　○ＯＥＣＤ生徒の学習到達度調査（ＰＩＳＡ）　○文化審議会答申「これからの時代に求められる国語力について」	ＰＩＳＡ型読解力 習得・活用・探究
二〇〇六	18	○教育改革・道徳教育の充実・読解力向上プログラム	確かな学力・豊かな心
二〇〇七	19	○教育基本法改正　○ＯＥＣＤ生徒の学習到達度調査（ＰＩＳＡ）	言語力・言語活動例
二〇〇八	20	○教育再生　○全国学力調査　○小学校「学習指導要領」告示	伝統的な言語文化
二〇一〇	22	○「常用漢字表」告示　○「学力調査の意義と問題」（全国大学国語教育学会）	
二〇一一	23	○「近代国語教育史研究」「国語教育学史研究」（野地潤家）	
二〇一三	25	○第二期の教育振興基本計画を策定　○「国語科教育学研究の成果と展望Ⅱ」（全国大学国語教育学会）　○教育再生実行会議発足	
二〇一四	26	○ＯＥＣＤ国際教員指導環境調査（ＴＡＬＩＳ）日本参加・結果公表　○中央教育審議会答申「道徳に係る教育課程の改善等について」	
二〇一五	27	○全国学力・学習状況調査一九年度から（国語・算数に加え理科、悉皆）　○「聴くことと対話の学習指導論」（植西浩一）	アクティブラーニング
二〇一六	28	○中央教育審議会答申「幼稚園、小学校、中学校、高等学校及び特別支援学校の学習指導要領等の改善及び必要な方策等について」　○教職免許法施行規則等一部改正　○「発達モデルに依拠した言語コミュニケーション能力育成のための実践開発と評価」（山元悦子）	「主体的・対話的で深い学び」
二〇一七	29	○小学校学習指導要領告示	「特別な教科道徳」

や 行

ら 行

わ 行

な行

は行

ま行

た 行

さ行

索　引

編著者

阿《あ》部《べ》 藤《ふじ》子《こ》	東京家政大学家政学部教授	第１章，第２章，第15章，コラム
益《ます》地《ち》 憲《けん》一《いち》	前関西学院大学教授	

著　者（執筆順）

相《あい》原《はら》 貴《たか》史《し》	前相模女子大学学芸学部教授	第３章
成《なり》田《た》 信《のぶ》子《こ》	國學院大学人間開発学部教授	第４章，第９章
宗《そ》我《が》部《べ》 義則《よしのり》	お茶の水女子大学附属中学校教諭	第５章
芥川《あくたがわ》 元《もと》喜《き》	金沢星稜大学人間科学部准教授	第６章
植《うえ》西《にし》 浩《こう》一《いち》	前広島女学院大学人文学部教授	第７章，第14章
佐渡島《さどしま》 紗織《さおり》	早稲田大学国際学術院教授	第８章
萩中《はぎなか》 奈穂美《なおみ》	福井大学教育学部准教授	第10章
足《あ》立《だち》 幸《さち》子《こ》	新潟大学教育学部教授	第11章
中《なか》村《むら》 和《かず》弘《ひろ》	東京学芸大学人文社会科学系教授	第12章１～４
清《し》水《みず》 文《ふみ》博《ひろ》	山梨大学教育学部准教授	第12章５
細《ほそ》川《かわ》 太《たい》輔《すけ》	武蔵野教育研究所代表	第13章
森《もり》 顕《あき》子《こ》	東京学芸大学附属竹早中学校副校長	第15章

〈コラム著者〉

小野澤由美子《おのざわゆみこ》	前お茶の水女子大学附属小学校教諭
岡《おか》田《だ》 博《ひろ》元《もと》	お茶の水女子大学附属小学校教諭
藤《ふじ》枝《えだ》 真《ま》奈《な》	お茶の水女子大学附属小学校教諭
下《しも》田《だ》 聡《さと》子《こ》	前東村山市立秋津小学校教諭

小学校国語科教育法

2018年（平成30年）３月30日　初 版 発 行
2025年（令和７年）３月25日　第５刷発行

編 著 者　阿 部 藤 子
　　　　　益 地 憲 一

発 行 者　筑 紫 和 男

発 行 所　株式会社 建 帛 社
KENPAKUSHA

〒112-0011 東京都文京区千石４丁目２番15号
TEL（03）3944－2611
FAX（03）3946－4377
https://www.kenpakusha.co.jp/

ISBN 978-4-7679-2111-2　C 3037
亜細亜印刷／常川製本